LaVidaQueMeParió

Susana Lilián Cebeiro

Cebeiro, Susana Lilián
    LaVidaQueMeParió / Susana Lilián Cebeiro. - 1a ed. - Bernal : Susana Lilián Cebeiro, 2020.
    125 p. : 23 x 15 cm.

    ISBN 978-987-86-6822-2

    1. Autobiografías. I. Título.
    CDD 808.8035

Impresión bajo demanda con una tirada inicial de 1 ejemplar.

Los personajes y eventos descritos en este libro son reales. ¡La propia vida del autor!

Diseño de portada por: Mariel A. Arena.
Corrección y composición tipográfica por: Daiana M. Ryan Y Matías N. Comicciolli.

DEDICATORIA

A estos seres que tanto amo, que tanto me dan sin esperar nada a cambio.

A quien amé y dejé de hacerlo, y a quien amaré sin conocerlo. Saben que siempre estaré y siempre contaré con ellos.

A los presentes, seres que amo, que han despertado en mí el más hermoso sentimiento que habita en el planeta tierra: "Ser mamá"

¡Gracias hijos!, por sentirme mujer con mayúsculas y por ser yo.

A cada uno de estos seres, ¡Agradezco! ¡Por ser ellos!, ¡Por ser seres!

Johanna hermosa, con su mezcla de rebelde adolescente, arrastra de su niñez la pureza de su mirada, el enojo con capricho, sabiendo manejar situaciones.

Hija: Ayúdate a crecer, y no reniegues de lo que no pudo ser; no compitas por el amor que te entregamos, recíbelo es para vos.

Nini (Pato) maravilloso ser humano, sensible y dulce; su niñez en él todavía habita, sus logros acompañan sus metas y de ellas alcanzará su éxito.

Hijo: Seguí siendo como sos, "No cambies nunca". A pesar que la vida te muestre el látigo acéptalo eso es crecer.

Daiana dulce pequeña, compradora, carita de ángel, enojada con la vida. Sufre en su introversión, se revela ante los miedos por su gran dolor a las pérdidas. Seres que tanto amó.

Hija: Aprende a no preguntarle tanto a la vida del porqué te da y te quita, entiende que eso es vivir, tómalo lograrás ser feliz.

Eric Mi hermoso bebé, no lo veo crecer en cuerpo, pero lo siento crecer en alma, ¡Estoy agradecida! por haberme entregado esos dos añitos de felicidad.

Hijito: Día a día, comprendo porque aún estoy viva. Sin ningún temor espero mi partida porque ella será mi gloria al poder estar contigo.

Mami.

EPÍGRAFE

Es muy pequeño mi análisis del partir y es muy larga mi historia. Tras todo lo volcado pretendo acentuar mi sensatez: ¡Amar a todo ser, perdonarnos a nosotros mismos, dar, mil veces dar, aprendamos a querernos! Es el valor de la vida junto a la fe. Ella es la mayor fuerza que logra energía positiva, la ayuda, está en nosotros sin importar las ideas religiosas, condiciones sociales o raciales de tipo alguno.

Afirmo entre lo dicho, que no son mis palabras las que abrazaron mi convicción, sino las de otros seres que me ayudaron a traspasar el telón de mi ignorancia comprendiendo y reafirmando que el sentido de la vida es la muerte, y la muerte la vida misma. Que no es el fin, que nada muere, todo se transforma y el miedo, lo que aterra, tiene una respuesta: es lo que brinda la muerte.

Sé que nadie volvió de ella para decirme que es muy bella, pero presiento que siguen vivos sin cuerpo, que se reencarnan una y mil veces y mi pregunta se agiganta: ¿Estamos preparados para comunicarnos, verlos o entenderlos? ¿Ellos conocen otro idioma, otros códigos, otros tiempos?, ¿Cómo y cuándo estaremos preparados?, si aún no podemos entendernos y comunicarnos.

Todos nacemos de igual manera, todos partimos a otra vida. ¡Aprendamos de nosotros! No nos neguemos lo poco vivido.

CONTENTS

INTRODUCCIÓN

A través de todas las vivencias con los seres que abrazaron mi historia, que me dieron, que les di y que podré seguir dando.

A los seres que conozco y los que conoceré en un mañana y en un hoy, les entrego mi realidad y mi pensamiento.

Este lenguaje que empleo en relación a lo vivido no pretende convencer a nadie sobre mi aprendizaje, sobre mis conclusiones.

No pretendo, ni pretende faltar el respeto a ninguna convicción religiosa. Siendo muy niña tuve mi primer enamoramiento y el entender que los chicos no deben meterse en las cosas de los grandes, pero sí los grandes en las cosas de los chicos.

En mi adolescencia tras sucesivas secuencias de vida se cruzó mi rebeldía, creía que ya había aprendido por el sufrir de esos días.

Y cuando era inmensamente feliz, el golpe el inesperado y monstruoso golpe, pegó fuerte, tan fuerte que me hizo ver la vida al revés.

Mi investigación y mi desesperada búsqueda del entender ¿Para qué y porqué estamos de paso en la vida? el porqué de la muerte y el porqué de la vida, hicieron eco en mi razón.

Mi historia (mi vida) con mis personajes reales. Se transformó en mi terapia, descubriendo que ella me llevó a analizar la vida, y no quise y no quiero repetir historia, comprendiendo que se vive y se muere para seguir viviendo.

CAPÍTULO I

Vagos recuerdos afloran a mi mente: de lo más bellos, alguno que otro aparece, pero remontan más aquellas marcas, las que me hicieron camino.

Habito en la misma casa en la que se gestó mi historia. La casa vieja con su galería larga, altas puertas y paredes anchas. Pisos de pinotea que hacen eco en mis oídos, mosaicos con sus extravagantes dibujos y el desprolijo gallinero. Me encantaba buscar los huevos, correr a las gallinas y a los patos chuecos; mi abuela se enojaba. ¡Y a mí qué! ya había visto volar las plumas, ya había traído mis huevos. ¡Qué rico era el huevo con oporto que preparaba mi abuela!

Mi primo Rubén y yo, siempre juntos. El observaba, yo hacía, pegado como una garrapata en mis manos, en mi ropa, en mis rulos, jugábamos fuera de la casa.

¡Los chicos tiene que jugar afuera! decían los grandes. Rubén, mi personaje aliado y admirador mío, inseparable; cuatros años más chico que yo, era pegajoso, pero si él no estaba me faltaba algo, me aburría, no me gustaba la casa de mis abuelos.

Él me imitaba en todo y me seguía. Hasta corría como yo, cortábamos cañas del terreno vecino, jugábamos a los indios, inventábamos cosas y no nos olvidábamos nunca de jugar a las cartas: desconfío, el culo sucio, casita robada, escoba de quince, infaltable chinchón y demás yerbas.

Mirando de la galería hacia el frente, una puerta

pintada de verde claro me invitaba a ir. Comunicaba al frente de la casa. Era un salón grande, ¡Yo lo veía tan grande! Estaba dispuesto para negocio. Recuerdo que funcionaba una peluquería. En el festejábamos las más grandes fiestas: comuniones, casamientos, cumpleaños nuestros y de todos los parientes de mi abuela, todas las familias enteras con sus hijos. ¡Por supuesto! nosotros los mejores.

Un día dirigiéndome a esa puerta, me detuve, otra puerta alta y entre abierta me invitaba a entrar. Vi un hombre acostado en la cama, lo acompañaba una mujer sentada a la orilla. Ella se incorporaba con una cuchara llevándole a su boca un no sé qué. Nos miramos un largo rato, él me invitaba a entrar con un ademán de su mano, yo movía mi cabeza con la señal del no. Tenía pánico, él lo sabía creo que nos entendíamos: lo estaba visitando la muerte.

Ese hombre me inspiraba algo que jamás pude sacar de mi mente. Creo haber tenido en ese momento siete años. Nunca me dijeron de su muerte, pero en algún momento me enteré. Sé que lloré, su nombre Celestino nunca me gustó ese nombre, pero era un señor, a quien recuerdo con cariño, con su peinado engominado y sus finos bigotes. Lo disfruto en mi mente, como mi primer enamoramiento.

Siguieron mis juegos junto a mi primo Rubén. Crecimos los dos y de a dos, nos llamaban a comer esos famosos domingos: Las pastas hechas a mano, que ricos ravioles los que hacía mi tía Telma, sentía por ella una especial admiración, por prolija, pulcra y única rubia en la familia. Siempre arreglada, sus pulseras de aniversario hacían ruido. A mí me encantaban, eran de oro. Además de sus espléndidos anillos; ¡Qué lindo cintillo en su dedo! Todo en ella quedaba bien.

¡A la mesa dijo Narciso y en la punta de la nariz un chorizo!, decía: mi querida abuela, acercándose a la mesa para disfrutar el banquete. A la carga dijo Ramos decía mi abuelo. Con mi primo corríamos, peleábamos el lugar, siempre nosotros en la mesa chiquita. Me molestaba que me mandaran.

Siempre observé la gran unión de las tres hermanas; ¡Eso a mí me gustaba! Cuando uno de sus niños cumplía años, invitando a sus amiguitos a su casa, ellas juntas con sus especialidades preparaban los grandes manjares que a los chicos nos encantaban. Mi mamá con sus alfajores de maicena; mi tía Telma con sus pastelitos confitados brillosos por el néctar que preparaba, mi tía Negrita con sus hermosas y ricas tortas decoradas.

Ahí estábamos todos en la gran mesa familiar todo el mundo murmuraba. Algunos chistes del tío Toto mi padrino nos hacía reír, chiflidos venia la comida, mi tía Telma traía la gran fuente y mi abuelo decía: esto es vida y se enredaba la gran servilleta blanca a su cuello y ¡Guay de no ser el primero en servirle, al gran jefe! Después cada uno en su importancia: los hombres, las mujeres y los niños de acuerdo a la edad.

Unas de las cosas de las que no podíamos quejarnos mi primo y yo, era el lugar que nos imponían, por estar más cerca del televisor y poder prenderlo tras nuestro último bocado. Pero mi bronca era porque mi prima Betty, toda una señorita, decidía el lugar donde sentarse: cerca de la mesa chiquita. Cuando empezaba este tema, yo pensaba ¿Por qué ella? Por lo bajo mi abuelo decía: "porca madona" los ¿Por qué?, siempre fueron míos.

Mi hermano Quique también en la mesa chiquita un año menor que Betty, a él no le importaba el lugar, solo le importaba comer.

Seguimos todos en la gran mesa familiar. Siempre existía algún tema de discusión. Mi abuelo recio, fuerte, grandote, morocho, exigía cosas a Josefa, mi abuela, y esa "porca madona", ese dicho tan característico del viejo "don Villagra", así lo llamaba todo el mundo, hasta mi abuela. Su nombre era Clodomiro. Ese dicho quedó grabado en mí, y a veces aflora a mis labios. Al final el único que quedaba haciendo sobremesa era él.

Le pedía a Josefa o a mí, que abriéramos el mueble modular. En la puerta más chica estaba lo que a él más le gustaba: grapa, coñac tres plumas, ginebra bolls, cubana sello rojo, sello verde, y el famoso anís ocho hermanos, botella cuadrada con dibujos geométricos sobresalidos.

Sacaba una copita de la vitrina y me invitaba con otra más pequeña para mí. Me servía anís ¡Qué rico! Y él generalmente su preferida cubana.

No sé cuándo, ni en qué momento, pero nunca más probé alcohol; le tengo miedo, respeto, asco, soy abstemia. Solo en verano y con mucho calor tomo un poco de cerveza.

Mi abuelo con su postre, las mujeres en la cocina con los platos y los chismes. Entre las mujeres estaba un personaje muy querido por mí: La tía abuela Antonia, la tía más vieja, con su piel blanca, transparente, surcada de vergüenza, con su culposa mochila al hombro que le colocó la sociedad.

Nunca le conocimos un amigo, ¡Hombres, un horror! Algo totalmente oculto e imposible; su desvergüenza pudo más: criar una hija con trabajo, esfuerzo y culpa.

¡Mi abuela la podía!, era su hermana. Más que hermana era su madre, más que madre su salvadora. Lo único que tenía era esta familia dominguera.

Cuando algo consideraba suyo lo peleaba, lo ocultaba, lo negaba, enseñaba sus miserias.

Ella amó a un imposible y pretendiendo conseguir ese sueño irrealizable, solo logró su lazo de unión: su hija Marta. Él le dio la espalda. Logró después de años lo que su hija no le pidió: un nuevo apellido.

Marta tuvo una niñez de abandono de afectos, pero agradecida de quién la cuidó hasta sus cinco años. Negrita, su prima hermana a quien también cuidaba a mi hermano mayor Ricardito.

Se accidentó siendo chica: cayó dentro de una olla de agua hirviendo. Hoy su espalda y cola son el fiel reflejo apergaminado. Toda la familia dominguera trabajaba, eran épocas muy malas y la familia muy pobre.

Vuelvo al alcohol, a la casa vieja. Rubén mirando televisión, mi hermano y Betty jugando a las cartas en la habitación pequeña que daba al comedor, mis tíos no sé por dónde, mi papá no recuerdo cuando estuvo en la gran mesa.

De pronto mi abuelo junto a su botella empezaba a cantar en italiano no tenía ni una gota de sangre tana, nunca pude descifrar esa melodía, algo de "cantare feliche" navega por mi mente.

Siempre me acercaba a él y a sus espaldas, observaba su pelo grueso y renegrido y bien cortito hacia la nuca.

¡Bueno, Villagra anda a dormir! decía mi abuela tras una copita de anís ocho hermanos. ¡Ya estas cabeceando! Él al levantarse de la silla medio trastabillaba. Me decía "estamos perdidos", y me llevaba a dormir con él, total el juego ya lo conocía, él dormía y yo me iba.

Todos decían que conmigo era especial, "yo era la preferida", o la única que algo de bola le daba. Me contó Negrita yo no me acuerdo cuándo, cómo y porqué. Tenía un gatito en mis manos, el abuelo tomando la sopa me retó, y le tiré el gato dentro del plato. Mi abuelo sorprendido empezó a reírse y no se enojó: Me llamaban "la gata peluda".

También me contaron otras de mis travesuras: fue en la casa vieja, con cocina aparte hecha por mi papá; vivíamos todos juntos. Yo, "la Susy" corría como un cohete, disparando de la paliza que mi mamá quería darme. Entrando al comedor de mi abuela me abracé a su falda, la abuela estaba tejiendo crochet y al levantar mi cabeza colgaba la aguja de mi ojo, gritaban todos ¡Se sacó el ojo! yo lloraba por miedo a la paliza, pero sólo eran mis pestañas las que engancharon a la aguja ¡Oh! suspiraron cuando ésta cayó. Mi abuela me secaba las lágrimas con un pañuelo y le dije: ¡Qué lindo pañuelito abuelita!, ¿Lo compraste en la carnicería? tenía tres años, todos reían, era graciosa, también me llamaban "Periquita" porque tenía el pelo cortado en forma cuadrada con flequillo.

Una anécdota contada por mí tía Negrita, era la del primer día de clase: ¡Ésta sí me acuerdo!, dije muy seria:

tía, si una chica más bajita que yo me pega ¡Le pego!, si una chica alta como yo me pega ¡Le pego! Pero si una chica más alta que yo me pega yo le pregunto ¿Porque me pegas? No había empezado el colegio y ya quería pelear, y así peleé con la vida.

Cuando estaba en la cama con mi abuelo y él me repetía abrazándome "estamos perdidos", yo lo observaba y repetía lo mismo acariciando su rostro. Cuando escuchaba su primer ronquido despacito me bajaba de la cama para mirar televisión o ver como las mujeres jugaban al chinchón, quienes antes de sentarme me retaban ¡Quietita y no digas nada! Pero las muecas nunca faltaban cuando veía algún comodín. Al final me echaban.

Al llegar casi la noche caían parientes de mi abuela, y se preparaban para la gran timba: Monte inglés, siete y medio. Mi tío Floreal en la cocina; ¡Que rica pizza hacía el papá de Rubén! Mi abuelo empezaba con el vino y entre copas y copas se entretenía. Alguna que otra vez se emborrachaba, todos se iban y volvían al otro domingo.

La que quedaba con el paquete era mi abuela. Estaba a veces tan tomado que no podía levantarse de la silla. Después de un rato largo entre cabezazos y tambaleos se iba a dormir: ¡Cuantas veces durmió en el suelo, mi pobre y enfermo abuelo! Tomado, cantaba en italiano, hablaba de su madre, de su niñez, ¡Su triste niñez! De una hermana que cuando joven por un engaño amoroso se tiró debajo del tren. Se llamaba Tránsito igual que mi tía Negrita. Recuerdo con mucha nostalgia ya más crecida, ver a mi abuelo en ese estado. Fue un veinticuatro o treinta y uno de diciembre.

Estaban todos en la calle, con cañitas voladoras, cohetes, rompe portones. Mi papá también estaba, pero en el comedor quedó mi abuelo cantando en italiano. Yo le hablaba desde la ventana y él me llamaba. Yo no me acercaba, tenía mucho miedo, creo que me decían que no me le acercara cuando él estaba así. Me repetía "estamos perdidos", y yo le preguntaba por qué tenía que ser así, entonces me hablaba de su madre, poco le entendía, de esa mujer muy alta, blanca y hermosa, llamada Pilar que la veía en una foto, único recuerdo de ella. También en esa foto estaba su hermana, y hermanastros. Él era el único morocho desigual a todos. Nunca conoció a su papá y al morir su mamá, guacho con seis años de edad tuvo que aprender a vivir.

Infancia triste: fue boyero, dormía en los pesebres, comía de lo que le daban. Sus hermanastros tenían papá, un hogar, un techo, ¡Él no! Pero nunca dejó de verlos. A su hermana de sangre la crio una familia. Tuvo suerte.

Aprendió a escribir en los pesebres, con una vela o candelabro prestado. Su maestro un italiano que cuidaba la caballeriza y también le enseñó a cantar. Tenía una letra excelente sin faltas ortográficas y nunca fue al colegio.

Jugador de cartas, un rey para el truco, en los bares ¡Como le sacaban la plata! Al otro día cerca de las seis de la mañana se levantaba a trabajar. Trabajador de primera, tenía una fundición de aluminio en sociedad con mi tío Toto y mi papá. Tras una discusión con mi papá, se quedaron mi abuelo y mi tío.

La fundición estaba detrás de la casa vieja, y más al fondo el gallinero. ¡Era pícaro mi abuelo! Cuando tenía que fundir el día anterior no tomaba, porque empezaba a trabajar a las dos de la mañana. En verdad, era un bruto trabajando. Y siempre cerca del crisol, con un cucharón pesado y aluminio derretido a terribles temperaturas; mucha sed, bebía y así terminaba. Decía que no tomaba agua, porque se oxidaba.

A medida que pasaba el tiempo, era más frecuente verlo tambalear hacia ambos lados. Nunca tuve vergüenza de mi abuelo, porque primero estaba mi amor hacia él ¡Cuántas veces lo vi caído en la calle! Pero tenía un gran orgullo; se levantaba y seguía amarrándose de algún tronco o palo que encontraba en el camino.

Mi abuela contaba cosas de mi abuelo, algunas con bronca, otras como anécdotas y yo me prendía a escuchar. Mamá también contaba, pero con resentimiento, nunca con odio.

Sus hijas crecieron, después del primario las mandó a trabajar. Cuando él estaba ebrio, mi abuela aprovechaba la situación y le sacaba pícaramente el dinero. Otras veces mataba alguno diciendo: ¡Hay que poner plata para la corona! Con lo que juntaba, compraba cosas para la casa, tela para vestidos, o algún gusto que necesitaba darse.

Sus hijas aprendieron corte y confección, bordar, cocinar, eso estaba bien Todos los integrantes de la familia trabajaban, pero el sueldo de mi abuelo era intocable al igual que el de mi abuela.

Nunca entendí cómo podía dominar sus estados, y si era adicto ¿Cómo podía manejar situaciones? ¿Qué hacía cuando el cuerpo exigía la adicción? O ¿Nunca fue adicto? ¿Qué fue? Pero cuando estaba fresco a Don Villagra, ¡Quién no lo quería! gaucho como el mejor, siempre dispuesto a dar una mano a alguien, a quién fuere. Fabricaba el vino con las uvas de su parra, para él y para regalar. Tenía un sótano enorme: su bodega. Siempre me llevaba a ver el vino: botellas acostadas, metidas dentro de esas cuatro paredes.

Les encantaba estar en Córdoba; habían comprado un lote, construyeron un chalecito cuando mi abuelo tuvo suerte, al sacar el segundo premio con un billete de lotería.

En Córdoba tomaba menos y ambos estaban más unidos y felices. Recuerdo a mi abuela trabajar la tierra, plantar sus semillas y hacer su huerta. También recuerdo a mi abuelo con la pala al hombro y el pico, alambrar atando de vez en cuando un pequeño trapo para que los pájaros no comieran las semillas. Juntaban las chauchas del algarrobo y la abuela preparaba unos dulces riquísimos. El que más me gustaba era el dulce de higo.

También tenían frutales. Me acuerdo de los tazones blancos, grandes, llenos de leche. El chuñio, la sopa; mi abuela nunca me negó nada.

Mis abuelos, muy gastados por el campo, la pobreza, la discriminación y la desgracia nos habían regalado un caballo. Era para los nietos que venían en vacaciones. "Moño" porque tenía esa forma en su pata trasera. Después nos compraron otro caballo llamado "Mariposa". Más tarde un sulky.

Mi abuela me enseñó a manejar el sulky, a andar a

caballo; mi abuelo a ensillar, ponerle el freno, pegar en las patas de los caballos para que queden bien parados, hacer el nudo de campo.

Mi abuela: ¡Qué personaje! trabajadora, respetada y querida. Tenía un imán especial hacia la gente, se identificaba con aquellos más simples. Nunca supo ni quiso que le enseñaran a firmar. Ella sabía, había practicado, pero por miedo o vergüenza prefirió usar el dígito pulgar. Me molestaba pero, ¿Quién era yo para corregir a un mayor? Era tan orgullosa que no dejó nunca que le enseñaran a escribir su nombre. Ella me enseñó a curar empachos, y yo muy atenta escuchaba sus consejos. Me llevaba a juntar peperina, tomillo y a conocer y distinguir cual yuyo sirve y cual no.

De mi abuela tengo afectuosos recuerdos. Me hacía unos platos riquísimos, pero me exigía el aprender, el mantenimiento de la casa, y yo obedecía con miles de errores. Ella los míos nunca los vio, pero sí recuerdo cuando en la casa vieja me estaba bañando: yo era chica, entró mi abuela y empezó a pasar la esponja en mi cuerpo enseñándome, me raspaba con fuerza y me dolía. Me quedaron cuello, espalda y mis brazos totalmente rojos.

Jamás me pegó, pero si amenazó con alguna que otra vara. Nunca tuvo preferencias por las nenas, ella tenía locura por mi hermano Quique y mi primo Rubén.

La abuela tenía un pompón de nariz y una cara picara que al mirarla nos hacía reír, a pesar de las marcas que en su rostro quedaron por una viruela que la maltrato.

Contaba historias dando tono de gracia. Todos disfrutaban al verla actuar. El chiste gracioso, los hechos picantes y sus aventuras con Eulogio y Ramón, sus sobrinos, que ella incitaba a hacer picardías en su niñez.

Tengo tantas anécdotas de mi abuela, que creo quedarme corta si hago un libro dedicado a ella, doña o tía Josefa, así la llamaban los vecinos, parientes y conocidos. Le encantaba divertirse, especialmente el juego, sin nombrar la ruleta, Mar del Plata era de ella.

Creo que mis abuelos eran más felices que nosotros. Cuando los recuerdo me lleno de alegría. Se mezcla el gozo, mi niñez, mi fantasía, ¡Que lindos abuelos tuve! Amé hasta sus defectos. ¡Qué suerte! ¡Yo los elegí!

En esta familia dominguera siempre encontré a mi aliado y cómplice: mi pequeño primo Rubén.

En Córdoba juntos siempre, muy rara vez nos peleamos. Siempre con una aventura nueva. Criamos un pajarito hasta que se murió, hicimos un cajoncito de madera para su entierro, su cruz y rezamos por su alma.

Un día por alcahuete me vengué, lo ayudé a subir al caballo Moño, apoyando sus pies en mis manos. Empujé con tanta fuerza que pasó para el otro lado. Todos reían, nadie sabía de mi venganza.

Todos los días corríamos mariposas, nadábamos en el río, jugábamos carreras a caballo. Encontramos una casita de hornero, la limpiamos y la colocamos sobre una rama de la gran copa del inmenso árbol que protegía la casa, un gran algarrobo. Ese árbol también finalizó su destino después que desapareció gran parte de esta familia. Por la tarde cuando volvíamos del río paseábamos por el pueblo, por la calle principal, siempre de la mano. Nos reíamos de todo, tocábamos timbre en algunas casas y corríamos con alegría, los dos siempre solos. Su mamá estaba enferma y salía poco, mi mamá quedaba en Buenos Aires.

Vivíamos nuestra historia todo el verano, hasta volver a la escuela. Yo era como la hija de mis abuelos.

Todos los años a Quique lo llevaba a Córdoba. Pero él empezó a venir cada vez menos, ya tenía una rebeldía propia de un adolescente, acentuando broncas al ver como mamá tomaba decisiones.

Quique, mi hermoso hermano, igualó su niñez a la mía. Observaba también que algo nos desunía. Quique siempre con Betty, Susy siempre con Rubén.

Mi prima Betty en su juventud era bonita, más que bonita, muy atractiva, llamativa, un swing especial, mezcla cautivadora y sexsapil. Pero siempre desconforme de sus piernas alababa las mías. También con sus ojos por no ser expresivos, pero igual se daban vuelta para mirarla.

Ella era cinco años más grande. Me gustaba imitarla, quería vestir moderno, y por fin poder dejar de usar esos zapatos especiales por tener el pie plano. Me compraron un par de botas blancas, una pollera escocesa y me tejieron un pulóver blanco de cuello alto volcado. Estaba vestida de última moda y feliz. Betty se molestó mucho cuando el domingo en la casa vieja me vio vestida igual que ella. Parecíamos mellizas y encima teníamos que salir juntas porque ella estaba con un chico que hoy fue su marido, y si no me llevaba a mí o a Rubén no la dejaban salir. Betty decidió llevar a Rubén.

Me encantaba ir al cine, me compraban golosinas y siempre los molestaba cuando querían darse un beso. Me gustaba tener un ojo en la película y otro en mi prima. La única vez que vi la película con los dos ojos fue cuando dieron "La noche de las narices frías". Actualmente la veo en video y no me canso de verla.

CAPÍTULO II

amá y papá fueron seres especiales. Incapaces de dar cariño nunca se empaparon mis mejillas de sus besos. Tampoco escuché esa frase tan bonita y necesaria inventada por los humanos: te quiero. Pero sí en la dedicación tratando que nunca nos faltara nada. Trabajadores los dos, para mí un gran ejemplo.

Construyeron una hermosa casa tipo chalet. Fiestas, cumpleaños, comuniones, y el mejor de los tocadiscos. Reuniones barriales en el gran patio. La fiesta de mi primera comunión fue espectacular y el traje era hermoso, pero era de Betty, no tuve mi propio vestido, y eso no me gustó.

Los mejores juguetes que salían por la tele papá los compraba. Al llegar a casa corría a buscar la moto, la bici o los patines comunes.

Para Reyes pedí la muñeca "Pielanyeli". Había dos: una pequeña sin pelo, con forma de rodete y otra, la última que salió con pelo, rulos como los que me hacía mi mamá. Los Reyes trajeron la mejor, la más cara, y cuando la vi ¡Qué alegría!

Salimos todos los chicos del barrio a mostrar nuestros regalos de Reyes. Mi amiga Mimí, pidió lo mismo, pero le trajeron la más barata y empezamos a competir de cuál era la mejor: La auténtica muñeca "pielanyeli". Todas las chicas reunidas en la esquina votaron, ganó Mimí; su muñeca era la verdadera, la mía no. No la conocían, si nadie tenía televisión. Me dio tanta bronca haber perdido que llegué a casa, busqué la tijera y la pelé. Junté todas mis muñecas: Gracielita, Linda Miranda, Maniqué y otras. Volví a la casa de Mimí, para ver quién tenía más muñecas. Fui a pelear.

Un día mi papá me traía en el portaequipaje de la bicicleta, y metí el pie en el rayo de la rueda. ¡Qué dolor! Me tuvieron que enyesar. A mi papá le avisó un hombre que pasaba caminando por la vereda. Él pedaleaba no entendiendo porqué se frenaba, y yo del dolor no podía gritar. Era muy chica.

Estando enyesada vino mí mejor amiga Ana María, y porque se me antojó le pegué y mentí, diciéndole que ella me había pegado en el yeso y me dolía.

Me acuerdo de Caco, bailábamos el rock muy bien en todas las fiestas barriales y éramos el show. Yo era la novia, un día me negó algo y lo saqué de mi casa a escobazos.

Hice algo de traviesa y lo que hice no me gustó y me marcó: con seis años iba a particular, me había olvidado el sacapuntas, y le pedí a un chico grande y él me dio una hojita de afeitar. No sabía cómo usarla, intenté sacar punta y el pibe me pedía que se la devolviese mientras que yo trabajosamente trataba de sacarla. Insistía en hacerlo con la exigencia de él: "que le devolviese su sacapuntas". Tantas veces forcejeamos que cuando me gritó se la entregué muy mal. ¡Se la clave en la frente! Empezó a salir la sangre y no entendía lo que pasaba. El pibe lloraba y me asusté. Lo atendieron. Siguió la clase y no me dijeron nada. Volví a casa y no lo conté. Al atardecer apareció el pibe con su mamá y su cabeza vendada. Yo lo observaba desde la casa de

Caco y Chiquina, a media cuadra. Esperé que se fueran y regresé a casa buscando a mi papá, el me abrazó; le conté todo. Mi mamá me quería pegar, pero mi papá me defendió. ¡Qué grande mi papá! No me pegaron, pero sí hoy me arrepiento de no haber recibido un castigo para entender que los impulsos son malos.

A mi pobre hermano Quique, cuatro años mayor, siempre le pegaba y él tan bueno no me devolvía ni un cachetazo. Me encantaba jugar con él a las figuritas, la tapadita, el puchero, la payana. Siempre ganaba yo, siempre hacía trampas, él se reía y me dejaba ganar.

Quique no era mi único hermano, tuve otro llamado Ricardito a quién no conocí.

Falleció de leucemia a los cuatro años, cuando Quique solo tenía cuarenta y cinco días de vida, pero aprendí a quererlo mucho, como a Quique. Me causaba una gran congoja cuando mi mamá me llevaba al cementerio, todos los domingos. Siempre al llegar y al despedirme le daba un beso en su foto.

Me trepaba a los árboles con mucha habilidad. Nuestra querida familia en una continua rutina del trabajo a casa, de casa al trabajo y los espacios vividos entre obligaciones cumplidas.

Mi mamá trabajó muchos años de peluquera. Cuando empecé el colegio me hizo la permanente la croquiñol, decía mi abuela, a mí no me gustaba, pero para mí mamá era práctico. Yo prefería el cabello cortado cuadrado y me decían "Periquita". La verdad que era feota por no decir fea y con ortodoncia por mis dientes chuecos, pero muy graciosa. Mamá trabajaba muchísimo los días sábados, hasta altas horas de la noche. Me acuerdo verla lavando las pilas de toallas y papá acompañándola a tenderlas en la terraza. Papá valoró muchísimo a la mujer en la casa y más aún si trabajaba en lo que fuera extra. Especialmente los días sábados esperábamos la pizza exquisita que hacía mi papá. ¡Nunca comí una pizza tan rica! También nos bañaba. Me acuerdo que nos ayudaba en los deberes. En el orden de la casa se desenvolvía como una mujer; hasta planchaba. Nunca preguntaba qué había que hacer, no podía estar quieto; ¡Eso lo aprendí muy bien de él!

Doña Carmen, vieja vecina metida, siempre traía a mamá un chisme; mi papi era buen mozo, las mujeres lo buscaban y él no dejaba de ser pícaro.

¡Timbre! ¿Quién podía ser? Doña Carmen, en la puerta de calle comentaba a mamá. Yo también estaba y nadie reparaba que a mí me dolía el chisme. ¡Era muy fuerte!: al carnicero de la vuelta de casa lo habían matado con una cuchilla. Se sabía que la mujer le metía los cuernos ¿Y quién era uno de sus amantes? ¡Floreal! Dijo doña Carmen, ¡Qué vergüenza! dijo mi mamá. Corrí a casa, nadie reparó en cómo estaba yo, en lo que hacía. Lloraba por todos los rincones y nadie se enteró, ni siquiera mi hermano; me lo guardé para mí. Esperaba siempre ante un timbrazo que la policía viniera a buscar a mi papá ¡Tenía tanto miedo!

Cuando papá se enojaba, nunca sabíamos por qué y mejor no preguntar y esperar. Quique y yo nos íbamos a la habitación y yo chusmeaba por el ojo de la cerradura. Tenía que enterarme de todo, ¡Y por qué no!

Después escuchaba a mi papá pidiendo perdón. Ella no lo perdonaba, no le creía, había dejado de quererlo.

Un día mamá no llegaba a casa Ya era muy tarde y papá estaba, molesto y asustado. Llegó mamá, inquietos todos queríamos saber que había sucedido. Contó su historia: mi hermano y yo impactados y atentos a la narración de mamá. En el colectivo donde ella viajaba con destino a casa, una mujer gritó denunciando un robo. El chofer alerta ante lo sucedido, pidió que devolvieran lo hurtado a su dueña. Como no hubo respuesta, el colectivero se enojó; cambio su recorrido dirigiéndose a la comisaría. Y todos los que estaban en ese colectivo quedaron demorados. ¡Mi papá no le creyó! Esa noche discutieron y vi a mi papá levantado, caminando por toda la casa con el cigarrillo, ese cigarrillo amigo que lo acompañó hasta su muerte.

Las peleas eran cada vez más frecuentes, y papá cada vez llegaba más temprano. Estaba pendiente de toda reacción y varias veces después de golpear, gritar y romper, se encerraba en el baño a llorar. Lloraba como un chico. Un día estando todos en una fiesta al lado de casa, mi papá quería bailar y mi mamá no; observé que, frente a mí, cruzando el patio, un hombre miraba, creo o me pareció que a mi mamá.

Papá se fue a casa. Cuando volvimos encontramos la casa hecha un desastre: todos los discos rotos, todo revuelto. Tuve miedo, mi hermano también. Quedamos atrapados los dos en el desastre del living. Mi mamá se dirigió a su habitación, nosotros a la nuestra. Escuchamos gritos, golpes, cayó la policía y se llevaron a mi papá. Me acordé del carnicero, ya había pasado un año, Quique lloraba tirado en la cama, yo preguntaba ¿Por qué? Me gritaron ¡Anda dormir! Entre el llanto de mi hermano, la oscuridad de la habitación, mis miedos y el ¿Por qué? me dormí.

Al otro día sin acordarme, como y cuando viajamos a casa de tía Negrita, Quique, mamá y yo.

El ropero de mi habitación estaba en el centro de su living, colchones, valijas, ropa, la casa completa, todo amontonado. Ese mismo día vi a mi papá llegar y hablar con mi tía. No podía vivir sin mamá; prometía y lloraba como un chico. Mamá lo acompañó a la puerta, él subió a la motoneta Siembreta ¡Y no lo perdonó!

Yo observaba desde la ventana, mi tía me llamaba, me hablaba, me aconsejaba, me acariciaba ¡Ella sí sabía que sufría! Papá volvió muchas veces y mamá resolvió no atenderlo.

En el colegio de monjas hacía una que otra travesura, siempre buscaba que me quisieran: tener amigas, era mi preferencia.

Quería, necesitaba alguna vez ser el ombligo del mundo, porque en el recreo también estaba casi siempre sola. Otra vez quise llamar la atención. Le robé a mi mamá dinero y compré un montón de planchas de figuritas brillantes que regalé a mis compañeras. Todas estaban conmigo, pero me duró muy poco. Cuando mi mamá descubrió las figuritas que me quedaban y eran muchas, las rompió y me pegó tanto en las manos que quedaron rojas e hinchadas. No podía moverlas; pasé mucha vergüenza ¡Parece que el dinero fue mucho! Mis ideas quedaron con culpas y hoy ¿Tomar algo que no es mío? Jamás, aunque lo encuentre.

En la clase andaba mal, era una mala alumna, distraída, desprolija, tenía aplazos y me gustaba mucho cuando conseguía una buena nota; me sentía importante. En el colegio primario yo era como "la peste" por culpa de la separación de mis papis. En cuarto grado cuando la monja tenía que dejar el aula por alguna reunión, a mí y creo que a una compañera nos mandaba a otro grado.

Recuerdo angustias en ese colegio. Jugando al fideofino caí y de la risa me hice pis. Me costaba levantarme, me dio tanta vergüenza que corrí y me escondí en la escalera al costado del jardín de infantes, sola y hasta el retiro del colegio quedé llorando. Ningún docente vino a preguntarme, ¿Qué pasaba? ¿Cómo estaba?, solo una compañera, Norma, a quién la monja mandó avisarme que, debía hacer la fila en el patio para retirarnos a casa. Esa monja actuó con indiferencia; ella siempre me ignoró, me humilló, me despreció, me marginó. En ese momento pensaba: Si ella necesitase un vaso de agua, seguro que yo no se lo daría.

La religión y la educación años atrás era sinónimo de formación humana ante el núcleo social. Recordando a mitad de siglo de ésta era, no estaba bien visto la separación de un matrimonio: "lo que Dios une solo la muerte debe separar".

Mi formación religiosa, brindada en ese colegio fue marginada por esos seres, que me torturaron, señalaron, ignoraron por un pecado que no cometí.

Hoy en día, hasta diría que está de moda, abundan las separaciones, divorcios. Ya no existe el niño marginado, pero ese mismo niño no es completo, no es feliz, como no he sido yo.

Cuando se nace y se crece, se ama y se recibe amor y

de golpe sin saber por qué viene un cambio, las preguntas se hacen grandes ¿Por qué? nadie sabe realmente responder. Solo un cambio, que no se puede explicar.

El niño debe ser escuchado. El niño no es un objeto y no llena vacíos, ni se debe sentir un estorbo, ni rodar en la crianza de otros afectos. Un niño escuchado logrará ser un adulto feliz.

Después de un tiempo volvimos a vivir a nuestra casa solos los tres sin mi papá. Mamá se encontraba con ese hombre: "Guillermo", nunca me inspiró temor, bronca, por el contrario, me acariciaba la cabeza y a mí me gustaba. Creo que al verle era yo la que me acercaba a él, su sonrisa me inspiraba ternura.

Estamos en casa los tres, Guillermo viene todos los sábados a comer pizza. Estamos enganchados con la televisión viendo "Odol pregunta" me encantaba escuchar la publicidad ¡Qué lindo que son sus dientes! Le dijo la luna al sol, y el sol contesto sonriente: ¡Ja Ja! ¡Me los limpio con Odol!

Luego escuchábamos los cinco latinos. Me acuerdo ver a Estela Arrabal, con su vestido muy pituco sin breteles y guantes que le pasaban los codos. Terminaba este programa y comenzaba "Obras maestra del terror". "El muñeco maldito" de Narciso Ibáñez Menta. A Quique y a mí nos apasionaba, estábamos pegados a la silla y al escuchar cualquier ruidito nos sobresaltábamos ¡Qué miedo! Algunos sábados Quique iba de nuestros abuelos maternos y yo con mamá y Guillermo, mirábamos la televisión. No era lo mismo y cuando llegaba el miedo y no estaba compartido con mi hermano, tenía más miedo y prefería taparme la cara o ir a mi dormitorio; tenía la sensación, y era real que algo me faltaba. Con Quique compartía esa falta.

Un día después de la cena en verano caminábamos Guillermo, mi mamá y yo hasta la heladería. De regreso, a mitad de camino, Guillermo que me llevaba del hombro me soltó al escuchar la fuerte frenada de una motoneta, y mi mamá gritó. Corrí sin entender nada. Me paré, estaba sola y veía desde la vereda cómo forcejeaban y se pegaban dos hombres. Frenó un colectivo y con su luz iluminó la escena. Comprendí que el otro hombre era mi papá. Vi a mi madre pegarle en la cabeza a papá con el monedero que él le había regalado para su cumpleaños. Nadie me miró, nadie me entendió, no tenía a mi tía Negrita. Con nueve años me obligaron a entender; mi papá tomó su motoneta y se marchó.

Hoy comprendo algo muy cierto, los chicos no deben meterse en las cosas de los grandes, pero sí los grandes en las cosas de los chicos.

A pesar de estar separados, mi padre continuaba trabajando en su fundición en el fondo de casa. Día lunes, me levanté temprano, mi papá venía al taller.

Él armaba, ordenaba qué hacer a sus empleados, se iba a su otro trabajo que era una empresa de electricidad llamada "segba" y después volvía a su pequeña empresa de fundición y seguía trabajando. Fabricaba manijas de puerta, rondanas de toldo, perchas de aluminio. Los famosos soldaditos de plomo, tenía inyectoras, ¡Tenía muchísimo trabajo! Y gente trabajando.

¡Por fin! Llegó papá, corrí a su encuentro. Lo abracé como nunca y le pedí ver su cabeza. Él reía, yo no. Vi la lastimadura, no era muy grande, pero me dolía, me molestaba. Era real. La pelada de papá, que yo siempre besaba, estaba desprotegida con una herida. Me molestó mucho cuando la vi, ¡Quise ver para creer!

En el barrio eran miradas y palabreríos. Cuando yo llegaba al almacén escuchaba, veía, sentía, presentía. Era tan chica y crecí tan de golpe. Comprendí de burlas, de indirectas, de actuar a la defensiva, de hacerme la sorda o la tonta. Todo esto se tornó en mi bronca, mi gran bronca. Pero los mayores son mayores y eligieron su felicidad, sus derechos a ser felices. Lástima que no averiguaron los míos, y así fue que me enredé en la maraña de esa gran telaraña que tejieron mis papás.

La casa en venta, mi papá había vendido toda la fundición. Seguí creciendo, y sin poder verle durante un tiempo.

Para mí ese tiempo fue mucho y no comprendí. Me sometieron a no preguntar, pero sí a llorar.

Saliendo del colegio, "turno tarde" la monja me llevaba rápido de la mano hacía el micro escolar. No entendía por qué tanto apuro si había chicos que estaban subiendo antes que yo. Ella se ponía de costado como tapando algo. Logré ver. Era mi papá con su motoneta: hacia bastante que no lo veía. Grité papá. La monja me hizo subir y corrí para atrás de ese colectivo, golpeaba el último vidrio. Gritaba: ¡Acá estoy papá! La monja alzo su voz y dijo mi apellido. Ordenó que me sentara adelante. Él micro arranco. Mi papá no supo que yo estaba en ese micro escolar.

Esa monja me enseñó a odiarla, pero al tiempo me entere que fue mi mamá quien avisó y dio la orden, de subirme al micro y no dejarme verle, porque todo estaba en manos de abogados. Solo existía un interés: la cuota alimentaria, no importaba mis sentimientos.

Creo no haber hablado con mi mamá, solo sé que no paraba de llorar ¿Qué había pasado? ¿Por qué? Luego de lo ocurrido empecé a ver a mi papá con frecuencia. Si bien no me gustaba la monja Emilia, hubo otra a la que recuerdo con mucho cariño: la hermanita Evangelina.

Fue después que nos mudamos para vivir junto a Guillermo, en una propiedad vieja, fea y muy triste, porqué mamá hizo un mal negocio, la estafaron. El corredor inmobiliario encontró un comprador que supuestamente adquiría la propiedad con un crédito. Pero en realidad el acreedor fue mi mamá. Y termino cobrando la casa en cómodas cuotas mensuales. Ella estaba desesperada por vender y mudarse. Las habladurías, la necesidad de formar un nuevo hogar culminó en un pésimo negocio.

Papá nos había dejado todo, salvo el lavarropas y la motoneta. El lavarropas lo regaló a su mamá ¡Que contenta la abuela, un Eslabón de Lujo último modelo! Aprendió a usarlo y por fin dejar descansar sus manos de lavar ropa ajena, pues ese era su trabajo.

¡Mi papá no quiso llevarse nada, tampoco me llevó a mí! Se fue a vivir solo, ¡Desapareció!

Mi madre decidió enviarme a un colegio estatal para completar el quinto y sexto grado. ¡Yo no quería! pero hoy agradezco su decisión. ¡Me fue excelente!

No era la mejor, pero tampoco la peor. Me hice de muchas amigas. A nadie le importó que tuviera mis padres separados. Yo ya no necesitaba confesarme por cualquier cosa, pegarme tanto en el pecho cuando rezaba el "yo pecador", como lo había hecho en ese colegio discriminador.

Cuando llegaba de la escuela a casa, iba a estudiar piano. Estudié unos cuantos años, tenía un hermoso piano que usé de venganza, abandonando las partituras, tras la separación de mis padres y la mudanza a esa fea casa. Mi hermano también hizo lo mismo.

Mi mamá sobreprotegió a Quique cuando era chico, y pretendió hacerlo de grande. Le elegía sus amigos, no quería que jugara al fútbol y lo sentaba en una sillita para que mirase como jugaban los otros chicos en la calle. ¡Que el nene no se ensuciase la ropita! Él sufría y callado obedecía. Yo en cambio con rebeldía me ensuciaba. Mi mamá perdió a Ricardito su hijo de cuatro años al poco tiempo de nacer Quique; se volcó a él no pudiendo comprender que su hijo necesitaba ser libre.

Cuando fuimos a vivir a la casa vieja y triste, Quique ya era todo un hombre. La diferencia de cuatro años se notaba: el con catorce en la pavada yo con diez en la tarada. Los dos dormíamos en la misma habitación. En ese dormitorio con la luz prendida y en un total silencio veo a Quique arrancarse cabellos, pegarlos en la pared donde estaba apoyada su cama, moverlos con sus dedos y mirarlos. Él se quedaba mirando. "Yo me dormía".

En esa época había poca comunicación entre Quique y yo, peleábamos mucho en ese entonces, pero sé que él me quería, y nunca pude dejar de hacerlo.

Al tiempo se fue de casa, me enteré que estaba durmiendo en una plaza vagando uno o dos días. Luego lo encontró mi papá y se fue a vivir con él. Rebelde total no quería estudiar, fue uno de los grandes dramas con mamá.

Mis abuelos paternos Elvira y José, también estaban separados y vivían en la misma casa. Yo los visitaba de vez en cuando y de ese cuando cada vez fue menos.

Mi abuela acostumbraba visitar a otro hijo, mi tío Carlos que vivía con la tía Leo, y mis primos Choly, Pichi, y Carlos. A estos primos todavía los veo y son seres maravillosos, al igual que sus parejas.

Mi primo Carlos solía venir a casa, a jugar con Quique y cuando tenía el torso desnudo me encantaba contar sus lunares. Fue castigado con un sobrenombre que prefiero no mencionar cuando era chico habrá sido muy gracioso, pero siendo grande era vergonzoso.

Tome conciencia de ello cuando al encontrarlo en un colectivo, efusivamente lo llame por su apodo y el respondió tímidamente y con vergüenza, pidiendo que no llamara así.

Nunca más lo hice, si tengo que describir la clase de persona que es, diría que es perfecto, es querible en su docencia por su alumnado, y pares, por la familia. Valorado en los social. Un Cebeiro de pies a cabeza, le hace honor al apellido.

Mis primas Choly y Pichi, bastante más grande que yo, jamás faltaron a mis cumpleaños y siempre lo hicieron con sencillez y humildad. Mi tía Leo educó a sus hijos con principios y valores. Choly en su rostro siempre esbozó una sonrisa y Pichi con perfil bajo y el respeto al otro la identificó. Lástima que a estos hermosos seres, no pude disfrutarlos como merecía hacerlo. Tras la separación de mis padres los veía poco y nada.

Mi tío al recibirme en su casa siempre preguntaba dónde y con quién estaba mi mamá y reía, al igual que mi abuela. Ya esto era tan repetitivo que aparte de tener vergüenza, me hacía daño. Aprendí a callar y no responder a las ironías.

A mi abuela la recuerdo como un ejemplo, con mucho cariño. Físicamente soy muy parecida en los rasgos, y en la altura a mi abuelo José. Conocida como Elvira fue un admirable personaje de mi historia tan trabajadora, tan buena y tan luchadora.

Ella lavaba y planchaba para afuera. Cantaba en gallego y siempre reía ¡No sé de qué! Pero siempre reía.

Mi abuelo José me llamaba para que probase sus facturas. Era dueño de una panadería. Vinieron muy jóvenes desde Europa, prometiendo casarse en Argentina. Nunca se casaron, no lo sé, pero sí tuvieron hijos y luego se separaron. Mi abuelo era bajo, cabellos rubios, ojos claros y compadrito.

Un día mi hermano y yo los fuimos a visitarlos, salimos a la vereda y nos sentamos junto a nuestros primos Jorge y Laura que vivían en la casa de adelante. Los chicos trajeron sus bicis, sus triciclos. Quique ya grandote, de pantalones cortos, sentado en la vereda estiró sus piernas, me encantó imitar a mi hermano.

En ese momento feliz lo admiré y al llegar nuestros primitos con sus rodados, mi abuelo José se dirigió a mi hermano y le dijo: ¡Saca esas patas de elefante, no ves que tienen que pasar los chicos! Quique no respondió, solo se incorporó y se fue adentro, ¡Sé que estaba llorando! Le dije a mi abuelo: ¡Mi hermano no tiene patas de elefante, pero vos haces una factura de mierda! Corrí para adentro yo también. Quique tardo en salir del baño.

Ya habían pasado algunos años, era el velorio de mi abuela. Mi papá vino junto a mi abuelo, me dio un beso. ¡No me molestó!; yo también lo abracé y le di un beso. También fue mi despedida, porque a su velorio no pude ir. Él siempre me decía una frase que quedó en mí y los años me enseñaron que tenía razón: "La democracia es una minoría de astutos que destruyen a una mayoría de ingenuos".

Mi imaginación siendo niña tuvo distintos despertares. Observaba la vida desde otro punto de vista diferente al real. Por ejemplo: la vejez era cosa del otro. A mí nunca me llegaría. No podía hacerme a la idea de verme vieja. Tampoco imaginaba a mis padres como niños." Mi realidad era un mundo detenido".

En síntesis: el niño es pureza; si en este mundo nos quedáramos todos en niños (inocencia) sería ¡Perfecto!

Pero los grandes deciden por los chicos y a veces hacen mucho daño con sus decisiones. Me acuerdo que cuando era niña, me puse de rodillas mirando al suelo. Observaba detenidamente el trabajo de una hormiga, admiraba su pequeñez y cómo llevaba una gran hoja. Se notaba que le pesaba, pero insistía. Llegó al fin al cráter de su nido. Un hombre sin detenerse a mirarla me hizo correr del lugar y les tiro un polvo blanco. Luego volví a verlas y estaban inmóviles ¡Hay que matarlas! escuché "Porque se comen a las plantas".

Cuando era un poco más grande, en el colegio hablando de ecología, me acordé de la escena de las hormigas, de las guerras, perforaciones, incendios, venenos. Pensé: el hombre destruye y él sigue vivo y matando hormigas.

También otro recuerdo se asoma a mis pensamientos. Por mucho tiempo me hacía pis en la cama. Me despertaba el frío, y al sentirme mojada la angustia me quebraba en llanto porque atrás de esto recibía un chirlo en la cola. Tenía vergüenza, porque yo no era un bebe. Pero yo soñaba que iba al baño, levantaba la tapa y me sentaba en el inodoro. Era mi sueño, y él me traicionaba. A mi hermano más grande que yo, también se le escapaba, chirlo iba y chirlo venía. Hermano mío: ¿Era nuestro sueño el que nos fallaba, o algo que nadie descubrió que nos faltaba? ¡Terminé la primaria!

CAPÍTULO III

Yo quise estudiar. Mi mamá opinaba que las mujeres tenían que desenvolverse en el hogar. Me mandó a aprender a cocinar, tejer, coser. No quise y decidí estudiar.

Para ese entonces mamá lo veía para los hombres solamente. Estudiaba siempre con la amenaza: ¡Repetís como tu hermano y no vas más! Nunca le pedí ayuda, tampoco se preocupó. Me llevé cuatro materias. Las di y pasé a segundo año. Traviesa, fui centro, fui líder, tenía muchísimos amigos y amigas. Mi mamá no era partidaria de tantas amistades. Tuve mi primer beso con gusto a factura. ¡No me gusto! Nos veíamos antes de entrar al colegio. Se llamaba Rubén con acento y un apellido francés. En el curso yo seducía, tenía admiradores y no pasaron del beso, durando muy poco tiempo como Héctor y Alberto.

Iba al colegio de noche. Cuando repetí segundo pasé a la mañana. Repetí porque quise. Me había llevado dos materias y solo se podía quedar con una previa. Mi mamá entendió que era tan importante el estudio para la mujer como para el hombre; seguí estudiando.

Entre libros y rebelde adolescencia crecía día a día y me dolía seguir creciendo. En el cumpleaños de Quince de Ana María, mi mejor amiga de la infancia, conocí a un chico de diecinueve años, muy lindo que me sacó a bailar. Era de la barrita de mi hermano, y recién se había enterado que Quique tenía una hermana. Evidentemente mi hermano demostró sus celos. Me daba mucha vergüenza, sentía que me miraban. Nunca había hablado con un chico tan grande. Me fui al baño.

Estaba lleno de chicas que me acosaban a preguntas, yo no conocía a ninguna. Vino Ana María y me llevó de nuevo a la fiesta. Me dijo que no creyera nada, que todas querían estar con él. Me estaba esperando. Me tomó de la mano, yo temblaba. Empezamos a bailar y preguntó cuál era mi temor. Me hablaba de mis ojos. Creo que fueron ellos los que lo atraparon. Quedamos en vernos al otro día domingo y fuimos a caminar por el parque de la cervecería.

Antes de que bajase el sol tenía que estar en casa. Se lo dije y me propuso que el próximo domingo él iba a pedir mi mano porque quería que yo fuese su novia. ¡Así fue! Se lo presenté a mi mamá, se sentaron los dos en el sillón grande; mientras hablaban yo jugaba con mi perro Luky ¡Estaba tan contenta! Era una chica importante, con novio como mi prima Betty. Se llamaba Carlos y fue mi primer novio.

Empezó el noviazgo. Íbamos a todos lados con mi mamá; nosotros adelante ella atrás. El único día que salíamos solos y un ratito por la tarde eran los días domingos. Llegó el festejo de mis quince años y se lo presenté a toda la familia. Mi hermano no estaba muy de acuerdo. Vinieron amigos de él, creo que lo cargaban por las fotos, por el control, por lo formal.

Un día estábamos en su casa con sus padres y su hermana. Ella presentaba formalmente a su novio. En un momento le di vuelta la corbata a Carlos y delante de todos comenté que tenía que coserla. Causa suficiente para que Carlos me dejara.

Cuando me llevó a casa, habló con mi mamá. Mucho fue lo que lloré. Mi mamá se enojó conmigo, me dijo chiquilina tonta, hasta me dio la sensación que le dolió más a mi mamá que a mí. El comentó a mamá que cuando yo creciera iba a volver. ¡Y volvió! Me di el gusto de decirle no, a pesar que me dolió.

En ese momento yo salía con otro chico y no lo iba a dejar por él. Se llamaba Alberto, era compañero del colegio y un año más chico que yo. Solía traerme una pequeña rosa del rosal de su casa, u otra flor de estación y poemas que me nombraban. Era tan dulce, tan bueno, y yo tan vacía. También él tenía los padres separados. Estaba solo. Corríamos, estudiábamos, jugábamos a ser adultos. Mi mamá no estaba de acuerdo. Siempre buscaba motivos para separarnos y que no nos pudiéramos ver.

Cuando empezamos a salir yo no lo quería. No era un gran amor. Se tornó en capricho porque a mi mamá no le gustaba y yo trataba de contrariarla. Alberto al fin me enamoró y salimos cinco años. Nunca supo él lo que a mí me pasaba.

Recuerdo a mis compañeros de segundo y tercer año turno mañana; miles de anécdotas, bailes, reuniones, picnics, aquellos asaltos en distintas casas. Un hermoso grupo humano que siempre guardaré en mi corazón. ¡Gracias compañeros!

Repetí por segunda vez, mi mamá cumplió. No fui más al colegio y tuve que empezar a trabajar.

Iba con Alberto a una confitería bowling. Ahí coseché amistades. Ese era el lugar predilecto de él, se convirtió también en el mío. Al año siguiente reinicié mis estudios en otro colegio turno noche. De día trabajaba. Allí termine mis estudios, lástima que no fueron los compañeros aquellos.

Mi abuelo materno, ya de grande con sus setenta y tres años, no quiso viajar a Córdoba. Mi abuela fue sola a hacer sus trámites, él quedó acompañado de mi tía Negrita. Un quince de agosto sonó el teléfono, era mi tía; el abuelo se había descompuesto. Salimos de casa con mamá. Al llegar allá observé a mi abuelo sentado con unas almohadas a su espalda, él las había pedido. Mi tía desde su silla de ruedas frente a él lo miraba, ¡Yo no entendía! Mi mamá gritó ¡Papá! Y golpeaba en su pecho. Mi abuelo no respondió y quedó acostado, vi sus ojos cerrados. Por segunda vez conocí a la muerte.

Yo giré al patio, a espalda de la habitación y miré al cielo, quedando tiesa e inmóvil, en ese patio. No sé si lloré, solo sé que después del entierro, esa noche le escribí a él.

Seguí con Alberto. Crecimos juntos, nos complementábamos en todo. No recuerdo haber peleado, pero sí compartimos angustias, necesidades, triunfos. Para muchos "una pareja ideal". Éramos inocentes, inmaduros, nos hicimos tanto daño por ignorancia, desprotección y miedo, y seguimos de la mano.

Ya habíamos comprado la heladera y algunos cacharros con nuestros ahorros para casarnos. Hasta esa ilusión nos dejaron tener.

Al tiempo de ser feliz, de vivir el uno para el otro, nos destruyó un cambio. Él acompañaba a su padre tras un puesto político, ¿No sé qué pasó?, pero sí me acuerdo que su papá siempre decía que él tenía que vivir. Tras una llamada telefónica nos separamos. También crecí, con las amistades del bowling. Tenía veintiún años, y había dejado todo por él.

Comprendí que fue mi único y verdadero amor, también comprendí, de las traiciones de él y de otros que se prestaron al juego por separarnos. Cuando empezamos a ser novios él tenía quince y yo dieciséis. ¡Nadie comprendió que habíamos crecido juntos, durante cinco años! hoy me conforma el saber que de mi jamás se olvidara, porque fui su primero en todo.

A empezar de nuevo. ¡Me apasionan los desafíos!, ¡Vivir siempre fue para mí un trabajo!

Mi mamá casi nunca estaba en casa. Esto era totalmente rutinario, se levantaba e iba a lo de mi tía Negrita; yo iba de vez en cuando. Al estar sola en casa, vivía en silencios y atemorizada. Sentía dentro de mi cabeza como una voz burlona que repetía su mofa, como también que alguien tocaba el picaporte de calle. Cuando preguntaba quién era nadie respondía. Creí que me estaba volviendo loca; hasta que un día Laly, una gran y querida amiga vecina, estando en la cocina escuchó el ruido del picaporte. Corrió para la terraza y no vio a nadie. Ella si me creyó porque también escuchó en el momento del silencio.

Seguí con esas amistades del bowling, todas con distintas historias, todas con golpes, todas desafiantes, todas grandes amigas y necesitadas de cariño. De ellas aprendí mucho del vivir y valorar la vida. ¡Gracias amigas!

Durante esos años todo era mezcla de nada, de insatisfacciones contenidas. A mi mamá le molestaba mi forma de vida. Me castró hasta los veintiún años. Después de sepárame de Alberto, hice lo que me venía en ganas: llegaba a cualquier hora, salía todos los días, y nada me importaba.

Mamá un día decidió que cambiara de vida o me fuese de casa ¡Decidí! Guillermo cuando me veía partir con el bolsito y mi perrito Chenique, me suplicaba que no me fuera, me hablaba, me aconsejaba que obedeciera a mi mamá; pero me fui y él desde la puerta envuelto en tristeza y preocupación como un padre.

Una vez me fui a lo de una amiga. Al otro día me di cuenta que había traído un gran problema a esa familia. ¡Regresé! Quién me recibió con un abrazo y un beso fue Guillermo.

Hoy y ya hace muchos años es la pareja de mi mamá ¡Guillermo! con mayúsculas. Porque él no intentó ocupar el lugar de mi padre, pero sí yo puedo decir que aparte de ser mí amigo, es y será mi papá, porque tengo que agradecer a la vida haberme regalado dos papás.

Guillermo: Lo defino como uno de los pocos seres que conocí en esta vida tan, puro y maravilloso. Aprendí a quererlo porque es imposible no hacerlo. Aprendí a respetarlo porque me enseñó el respeto; aprendí a compartir porque supo ubicarse en lo que él consideró su lugar. Me defendió en lo injusto, me alentó en todo. Se preocupaba cuando regresaba a casa caminando del colegio en turno noche, me esperaba a mitad de camino, también en que la comida estuviera caliente, en tantas innumerables cosas que fue realmente un papá con mayúsculas.

Mi papá Floreal estaba celoso porque siempre le hablé bien de él. Hoy y siempre será Guillermo un padre y yo una agradecida por haber sido parte de mi historia y por haberme acariciado la cabeza.

Por segunda vez, me fui de casa a vivir con mi papá a una pequeña casa al lado de la fábrica de iluminación de Quique.

Papá tenía su soledad, yo empecé a ser su carga, su sombra. Me insistía para que me casase y yo repetía que lo quería ver a él casado primero.

Me inspiro siempre mucha ternura. Sufría mucho por estos dos hombres, papá y Quique, y pensaba que sin ellos no podría seguir viviendo.

Papá conoció a una mujer. Era muy linda, con un defecto físico, viuda y sin hijos. Alegre, totalmente distinta a mamá: "una loca linda".

Se casó Floreal y convivimos los tres en una casa tan pequeña que yo sentí que cortaba su intimidad. Tuve una desagradable discusión con mi padre. Comprendí, me molestó y todo terminó.

Me fui con una amiga a vivir y a trabajar en Miramar como promotora para Molinos Rio de La Plata. Por tres meses nadie supo nada de mí. ¡Tampoco importó! Me enteré que alguien me estaba buscando y ese alguien era mi tía Negrita.

Mi tío Floreal trabajaba en la empresa y algo sabía. Recibí una carta; ¡No lo podía creer!, la letra de mi mamá. El texto se notaba que era dictado por modalidades y expresiones de mi tía Negrita. El acordarse, saber que existía y que a alguien todavía le importaba, me hizo bien. Mamá me pedía que volviese, que todo iba a cambiar y llegaríamos a entendernos.

Mientras viví allá pasé hambre, o comía o pagaba el hotel, hasta cobrar mi primer sueldo. Comí por diez días pan duro que nos daba el restaurante de la esquina. Baje mucho de peso. Creo que llegue a cuarenta kilos, antes pesaba cuarenta y ocho.

Volví a Buenos Aires. El recibimiento de mamá me hizo bien. Mi prima Marta vino a mi encuentro y decidimos trabajar juntas en corretaje de herrajes.

Poco a poco me pasaban cosas: mi abandono a la coquetería, mi pensar, mi divagar, mi soledad.

Marta corrió a mi desesperación, a mis tortuosos silencios con copiosas lágrimas que brotaron sin gemido y solo un lápiz descubría la verdad en un papel. La desgarradora necesidad de dar fin a mi vida solo tenía veinticuatro años.

Sentí un peso que no sabía llevar. Deseaba ser libre y no podía lograrlo. Con esa urgencia llegue a la atención de un psiquiatra, quien descubrió mi autodestrucción, mi inevitable desgarro, mi disritmia cerebral jamás medicada. Me pude tratar ¡Regresé a tiempo!

Empecé a construir mi integridad, a dejar de correr en la vida con la nada, a descubrir que hay otros tiempos para mí y decidí crecer como persona, a reconocer los valores de la vida, y necesité el cambio.

Escuchaba a mi tía Negrita como si fuera mi madre, a veces la sentí como tal me hablaba mucho y de ese mucho hoy comprendí que el ser humano no es universo, porque dentro de cada ser está la esencia, lo esencial: sentimientos, comunicación, aprendizaje, esencia invisible, indestructible; finalizando en la conciencia de

Dios.

Hablamos tanto, me dio tantas respuestas a mis preguntas; me trasmitió bondades, me habló de otros mundos, de dimensiones, de otras formas de vida. Pero necesité aún más para comprender el porqué de nuestra existencia.

Hoy la vida se empeñó en enseñarme y mi tía me preparó para mi hoy, hablando de Dios, de Jesús, María, Luther Kin, Mahatma Gandhi, Teresa de Calcuta y Minguito. Su querido Minguito y de todos los seres que cumplen su misión en la obra del bien, en la obra de dar sin pedir nada a cambio, a cumplir lo que dijimos, para purificarnos y elevarnos a la vida eterna. ¡A nuestra propia paz espiritual!

Su enfermedad, artritis. Deformante infecciosa. Terrible destrucción en su cuerpo, pero no en su espíritu; la tomaba como misión para purificar una mala acción en su otra vida. Jamás lo tomó como castigo. Desde sus veintiséis años convivió con ella. Llevó la enfermedad destruyendo día tras día, por meses, años, hasta dejarla en su sillón de ruedas. Luego de una infructuosa operación de rodilla quedó con su pierna tiesa, rígida sin poder jamás doblarla. Sus dedos ya no tenían huesos, eran como goma, gordos y deformados. Cuando comía, se empujaba el codo del brazo con la otra mano, para llevar la comida a su boca. Tenía una admirable fuerza de voluntad. En todo se exigía: Cosía ositos de peluche y los armaba cuando se sentía un poco mejor, hasta que no pudo hacerlos más. Ella siempre reía, nunca la vi llorar. Solo gritaba cuando la movían al pedir cambio de posición. Su marido, mi tío Floreal y Carmen le daban su medicación. ¡Cuánta cortisona! con una sábana la movían cuando no podían tocarla por tanto dolor en su cuerpo. Yo la observaba, la contemplaba; ¿Cómo podía ser tan buena, tan humana? Cuando golpeaban a su puerta pidiendo comida o ropa siempre algo les daba, y si era un chico lo invitaba a comer a su mesa. Por mucho tiempo vino un chiquito a tomar la leche por las tardes. Ella pedía que la levantaran a la hora que él llegaba y lo recibía contenta. ¡Qué aprendizaje; ella sabía del dolor!

Ella me decía que uno viene a este propio infierno, a purificar las malas acciones hechas en una vida anterior en este mundo o en otros. Que esta vida es una escuela de aprendizaje, por lo tanto, cuando volvamos, veremos nuestra vida como película y sabremos si nuestra misión prometida fue cumplida o si tenemos que volver a reencarnar. Solo en nuestro inconsciente está nuestra verdad. ¿Qué sentido tiene vivir, llenarnos de placeres, enriquecernos en nuestro ego, pasar por la vida, morir carnalmente y no llevarnos nada?

Esto hasta hoy lo analizo, como también que Dios no tiene una fábrica de almas, y si las tiene ¿Qué somos? ¿Qué sentido tiene pasar por la vida?

Vuelvo con mi tía Negrita. Cierro los ojos y parece que la viera sentada a la cabecera de la mesa del comedor, en dirección opuesta a la puerta de entrada. Cuando yo llegaba le veía siempre esbozar una sonrisa, corriéndose un lunar negro que tenía muy cerca de sus labios ¡Que linda era mi tía! Que placer el hablar con ella. ¡Cuántos consejos me dio!

Mientras escuchaba la música de los sesenta, le encantaba Palito Ortega como cantor, y como humano, se movían sus hombros, su cabeza y una pierna, balanceándose de un lado para otro, de atrás para adelante y de adelante para atrás en su sillón de ruedas. Su nombre, Tránsito, desde muy joven le decían o se hizo llamar, Negrita.

Me encontré y empecé de nuevo. A los diez meses de estar en Buenos Aires en un boliche bailable conocí al que es hoy mi marido. Encontré a un ser triste, serio, introvertido. Pero su maravillosa dulzura me envolvió, me extendió su mano, le entregué la mía y comenzamos a formar una historia nueva, nuestra y futura. Nos necesitábamos, nos entregábamos. Yo empujaba, le enseñaba como defenderse en la vida, eso lo aprendí muy bien. Él me admiraba, me seguía. Despotricó de su crianza; se sentía inútil, lo ayudé y dejé el psiquiatra.

Compartí con él mi trabajo. Le enseñé secretos de la venta. Pusimos una heladería y nos fue muy bien durante tres años.

Cuando nos conocimos, todo era una burla desde nuestra sonrisa. Al preguntar su nombre tan raro, Sydney, y no creerle, le di el mío, "Pancracia". Preguntó mi edad. Veinticinco, dije la verdad, no lo demostraba. ¿Y vos? cumplo veinticinco" el treinta y uno de diciembre "lo dudé". Cuando nos despedimos me dio su número de teléfono. Lo llamé y comenzamos a salir. Me enteré de su verdadera edad a los ocho meses. Ya estaba enamorada.

Nos casamos después de tres años y medio de novios. Nadie creía en nosotros. Si tengo que hablar del casamiento, prefiero no entrar en detalles.

Hacía pocos meses que los padres de Sydney se

habían separado, y su mamá una semana antes de casarnos me pedía que no lo hiciera. Mi hermano salió de padrino porque mi papá se había ido a vivir a La Pampa. Mi mamá conoció el vestido de novia el día que me casé. Tuvimos que vender el coche para pagar la fiesta, porque quien prometió pagar no tenía plata. ¡Todo mal! Todo siempre me costó. Pero no importó, miramos adelante ¡Queríamos ser felices!

De la iglesia fuimos a la casa de mis tíos, junto con mi marido para brindar con ellos, porque mi tía no estaba bien. Cuando se acentuó la enfermedad de Negrita nos esperaba los días domingos en su casa. Recibiendo a la gran familia con exquisitos manjares.

Recuerdo un aniversario de casados y un cumpleaños de mi tía. Fabulosa fiesta. Nunca la olvidaré, ¡Que hermoso!

Mi tía en su sillón con un vestido tipo camisón muy pituco, junto a mi tío Floreal. Estaban anonadados, emocionados, hubo baile, salimos a la calle haciendo trencito. Fue una gran fiesta sorpresa.

Mi tío Floreal era un señor con mayúsculas que jamás llegó tarde al trabajo ni a su casa. Ella lo esperaba en la punta de la mesa con el mate preparado y él puntualmente llegaba. Hablaban, siempre tenían tema: de su trabajo, del colectivo, charlaban horas y esos besos nunca dejaron de estar al irse y al llegar. ¿Cómo te sentís?, ¡Qué pareja!, ¡Qué papis!, ¡Qué ejemplo!, ¡Qué hermosos! Él era todo prolijidad, y por demás meticuloso, instruido, muy mimado por sus hermanas solteras, tíos solteros y su papá.

Un día la habían traído de la clínica a Negrita y no

estaba bien. Dos por tres la internaban. Observé que, de su nariz, bajaba sangre y le dije: ¿Qué te está pasando Negrita? Te están poniendo el pie encima porque no podes caminar sonriendo me contestó: "Estás comprendiendo, estás viendo lo que yo ya sé". Al otro día en brazos de su hijo Rubén y de su marido, partió.

Rubén sentía dolor y a la vez tranquilidad. Vio sufrir muchos años a su mamá. No pudo ir con ella al colegio, no paseó de su mano, no pudo jugar a las escondidas, no fue al cine, no paseó en auto, pero sí en ambulancia. No lo vio competir en yudo. La vida de Rubén se tornó en un no para todo lo que concernía a su mamá. ¿Si tuvo reproches?, ¡Nunca me habló de ello! Y eso que fuimos siempre muy compinches. En toda nuestra niñez, en toda nuestra juventud, hasta que él decidió.

Creo poder ubicarlo en el velorio, en paz de saber que ya no sufría y se volcó totalmente a su papá. Negrita voló a otra dimensión un treinta de Julio, un mes después que yo me casara.

Lloré mucho, me costó desprenderme de ella, actué como humana egoísta, no pensé en su necesidad de partir.

Al poco tiempo enfermó mi tío de hemiplejia, se repuso bien pero le faltó algo muy importante: su alma gemela, y un día decidió marcharse. Volar junto a su Negrita justo el día del cumpleaños de ella, un veintiséis de enero.

Mis tíos, ejemplo de vida. Gracias a ellos comprendo el verdadero amor.

Junto a mi marido empezamos a formar y a alegrar nuestro hogar. Venían muchos matrimonios amigos a visitarnos y mi gran amiga del alma Isabel, con quien hacía muy poco que nos habíamos encontrado después de tantos años.

Disfrutando de vacaciones en familia, recuerdo ver a mi abuela lucir un hermoso chal tejido al crochet por ella. Apostando en distintas mesas del casino se llevaba a todo hombre que vistiese un saco traje o sport por el botón de su manga, enganchados en su chal de mesa en mesa, y encima se enojaba.

Quiso experimentar una mesa de juego de forma semicircular, punto y banca "black jack". Jamás había jugado y se sentó al ver una silla desocupada, mirando a los otros participantes empezó a jugar como si supiera. Al tocarle el sabot, caja de madera donde se colocan las cartas, empezó a apostar.

Esa mesa se colmó de gente, en un grito: ¡Vamos abuela!, ella estaba feliz, todos la querían y encima decía una que otra gracia. Todos reían. Mi abuela, era el show, como el clásico personaje de la película esperando la carroza. No podíamos sacarla del casino.

Estas hermosas vivencias que disfrute junto a mi abuela, son los condimentos de mi historia y siguió mi vida alimentándose de otras exquisitas frutas.

CAPÍTULO IV

Ya casada decidí mi futuro. A los siete meses del embarazo de mi primera hija, me recibí de Martillera y Corredor Público. Empecé a ejercer luego del nacimiento, de nuestra hija Johanna.

Tuvimos triunfos económicos. En cada embarazo me embriagué de felicidad, pero mi marido sentía preocupación al pensar que me podía suceder algo malo. Luego que nacían sus hijos, los amaba, los besaba, les pedía perdón. Él nunca pudo acariciar una panza, le producía desazón.

Cuando vio nacer al primero, era tan inmensa esa felicidad que no se pudo describir.

Mi marido me reprochó el olvido a la familia, mi trabajo y eso a él lo hacía sentirse menos. Pero no me importó.

Trabajé, demostré y lo logré. Pero con culpas, por aquellas palabras que mi marido sabía emplear: "abandonas a tus hijos por el trabajo", culminaron en mi ruina. Fue el comienzo de mi maltrato y desgaste matrimonial.

El papá de mi marido estaba solo, pero acompañado con un aliado inseparable: La bebida, causa suficiente para inducirlo a él. Algunas veces parecía ser como un cachorrito asustado y muy necesitado. Cuando todos estaban reunidos, su ex esposa, hijos y nietos, se le iluminaba el alma, le encantaban las fiestas.

Él a su manera se convertía en el gallo protector de

su gallinero. Pero tras la sobre mesa, un vaso de vino inseparable, siempre estaba lleno y todo terminaba con muy mala onda.

No porque fuera agresivo sino el balbuceo y el repetitivo constante de las preguntas de algún tema ya hablado, hacía que resultara pesado. Inteligente y capaz nunca exigió respeto, ni siquiera él mismo se respetó. Por una migaja de cariño de su familia permitía todo. Mi marido lo amó tanto que llegó a ser su propia imagen y semejanza.

No todo era oro en su padre porque sus errores lo llevaron a su propia destrucción, y a pesar de todo era querible. Los domingos yo lo esperaba, me alegraba verlo, lo quise y lo recuerdo con cariño.

Agradezco el haberlo conocido a pesar de todo lo que me molestaba la maldita bebida. Él quería a toda costa una familia como la nuestra.

Mi marido. Compañero, amante a quien crítico y valoro, porque son mis derechos y no los concedo a nadie. Porque lo considero mío, tan mío como mi propia realidad. A veces me pregunto ¿Fue amor?, solo sé que respiré en su boca y vi en sus ojos que él me valoraba y también me destruyo con sus celos.

Mi mayor castigo y tras ellos estaban sus dudas que me abrumaron, me molestaban, pero no pude dejar el néctar de la vida, mi marido. Con él formé una hermosa familia, sin él nunca la hubiera tenido.

Hemos reído de tanta felicidad compartida, en juegos amorosos, viviendo y disfrutando a nuestras doradas semillas.

Existieron reproches. La bebida era un constante motivo del todo, iba en aumento. Él trató y prometió cambiar y dejarla. Mi miedo siguió, no creía en él, siempre estuve a la defensiva, fueron muchas veces las promesas a medio cumplir, o comenzaba ese cambio y duraba poco tiempo.

Parimos juntos. Luego vinieron mis miedos que fueron más notorios en cada hijo, me molestaba que otros los tocaran, les hicieran daño, los raptaran, ¿No sé por qué?, pero mis miedos se apoderaron de mí, previéndome o preparándome para el vacío, un después desconocido.

Toda la espera, la dulce espera de mis hijos fue mía. Todo era placer, todo era crecer, todo era alegría. Nació una niña "mi reina", nació un niño "mi rey", nació el sol "mi princesita", nació la luna "mi principito".

Contemplé sus sueños, mamaron mis pechos, dimos los primeros pasos, crecimos con nuestro tiempo. Me enseñaron a ser mamá y así creció la vida en nuestra propia escuela; nuestro hogar. Cuando ellos cumplían años ¡Qué gran fiesta! Decoraba la casa con tanta alegría y todos comentaban que hermoso y cálido nuestro nidito de amor.

¡Hoy sí puedo gritar que tengo muchos placeres compartidos con mi familia! Entusiasmo en los agasajos, jubilo en picardías y el gran amor que desborda en felicidad que abre el pecho.

Todos y cada uno de los recuerdos llegan a mí mente hacen vibrar la emoción de sentirme viva: sus sonrisas, sus travesuras, sus pasos, sus locuras. Primero mis hijos, después los demás.

A pesar que el trabajo me ocupó muchas horas,

siempre me hice de un ratito para estar junto a ellos y sobre todo les dediqué los fines de semana. Yo trabajaba mucho y mi tranquilidad era mi hermana Alejandra. También es y será mi gran sentimiento y agradecimiento, porque a mis tres hijos mayores se entregó como una mamá, dándole todo su amor.

Cuando volvía de trabajar y encontraba a mis polluelos, me embriagaba de tanta dicha, de tanto todo y así pasaron los años con grandes festejos con primos, tíos, amigos, padrinos, seis abuelos, y la nona Josefa.

Mi abuela Josefa desde que partió el abuelo, hubo un gran cambio en ella. Vivió con la tía Negrita, después con mi mamá y sus últimos años de vida con mi tía Telma.

Ella empezó a observar la desavenencia familiar cuando vivía con mi tía Negrita. Todo empezó cuando mi tía Telma le manifestó la idea de la división de la casa vieja.

La casa se dividiría en tres partes, la parte delantera que incluía salón para negocio, donde yo trabajaba y tenía una heladería. Era destinada a mi mamá Pilar, ella me la cedió, la parte del medio para Telma, donde estaba la casa vieja, se la cedió a su hija Betty; y la parte de atrás, donde funcionaba el taller de fundición, para Negrita a su único hijo Rubén.

Todos contentos, aceptación de las partes. Mi hermano Quique me cedió sus derechos porque mi papá le dio una casa en vida. Todo ocurrió al tiempo en que Betty consideró que la parte que le tocó a ella carecía de valor con respecto a la parte de adelante. Se luchó tanto, se discutió. No se me permitía que pasara al taller del fondo a ver a Guillermo. No reconocían la parte que había vendido mi abuelo a mi mamá en vida, que era el taller de fundición. Intervinieron abogados, fue todo a juicio.

Mi tía Negrita cedía todo con tal que terminara la desunión y afirmaba decir que Rubén no quedaba desprotegido tras la herencia que recibiría de su papá. Yo tuve una buena idea: Ya que Betty quería el medio y fondo, la casa de Córdoba tenía que quedar para Rubén, y así terminó después de muchas disputas. Rubén prometió y afirmó no disponer de la casa mientras la abuela pudiera disfrutarla. Cuando la propiedad pasó a ser suya, en agradecimiento por la intervención, expresó su gratitud, me ofreció disfrutar de la casa de Córdoba cuando quisiera. Pero en realidad es y será siempre su derecho.

Todo terminó con el frente para mí, medio y fondo para Betty, y la casa de Córdoba para Rubén. En ese tiempo la pobre vieja se nos vino abajo. Habiendo perdido un ojo por una operación, demostraba estar firme. Su hermana Antonia que se fue abriendo de la familia, culminando su vida en un geriátrico, con demencia senil. Negrita ya no estaba. Sus otras hijas no se hablaban; sus nietos peleados. La familia de la casa dominguera totalmente destruida.

A mi abuela la tuvieron que internar, estaba mal, nos avisaron por teléfono cuando estaba en coma. Comprendí que se quería despedir de todos. Quique no había venido. Le hablé, le pedí que descansara, que se elevara. Quique estaba en viaje y no podía llegar. Un silencio y un ronquido, y otra vez la muerte. Llamo al dolor: mi abuela estaba en paz.

En pleno velorio nos sentimos incómodos. Yo me hablaba con Telma, ¡Cuánto lloré sin gritar! Mis lágrimas como cataratas tenían un porqué aparte del dolor. La bronca hacia la injusticia, hacia los caprichos, hacia las consecuencias, pero no debo reprocharme, ni pagar culpas que yo no tuve. Abuela te llevo en mi corazón.

Papá y Erna eran felices, vivían en La Pampa donde se encontraban los familiares de ella, y el lugar en que había nacido. Vivían en una chacra en el campo muy cerca del pueblo. Un lugar paradisíaco donde junto a mi marido e hijos pasamos las más hermosas vacaciones. Fiestas navideñas, y los fines de semana por cualquier motivo viajábamos para allá. Fuimos tan felices durante nueve años.

Erna era divertidísima, mis hijos corrían disfrutando todo: tractores, gallinas, caballos, vacas. Era tan sano, tan lindo. Me acuerdo con mucha alegría las navidades; Johanna tenía dos añitos y medio, Nini: Pato, meses. En el día de navidad Erna y yo con sábanas viejas, fabricamos el traje de Papa Noel usando anilina y algodón.

Toda la familia pampeana eran seres maravillosos que agradezco el haberlos conocido y pertenecer a mi historia. Si papá me necesitó, siempre me tuvo. Recuerdo cuando se le cortó el tendón de Aquiles. Viaje a la pampa con Daiana chiquita. Estuve cuatro días sin mis otros dos pequeños ¡Qué manera de sufrir! Volví a Buenos Aires otra vez con todos mis polluelos.

En ese ir y venir de buenos aires a la pampa, y de la pampa a buenos aires, quedé embarazada, primero de Daiana, y después de unos años de Eric. Llegó una noche el resultado de orina: positivo y grité de alegría.

Estoy otra vez embarazada con cuarenta años. Lo desee, mi marido se llenó de un miedo mayor que otras veces. No quería, no aceptaba. Me presté a hacerme un estudio por los riesgos de un posible hijo enfermo debido a mi edad. Por mi Rh negativo y mi incompatibilidad tuvieron que hacer un estudio. Punzar la panza, y estudiar el líquido que se extraía. Salió todo bien, de salir mal ¿Hubiera sido capaz de sacármelo? ¡No!

Llegué tarde al sanatorio, di muchas vueltas y al fin cerca del mediodía nació mi niño, mi principito "Eric". Me tuvieron que dormir completamente para la cesaría; estaba muy nerviosa. Mi marido lloró y lloró mucho. Me contó que le pidió perdón.

Seguimos en la dedicación a nuestros niños. Las cosas nuevas que aprendimos y convivíamos con ellos y especialmente el pequeñín nos alegraba la vida, nos transformaba el mal humor en hermosos momentos, y así seguimos descubriendo armonía.

A mi hijo Nini: "Pato", mi segundo hijo, le molestaba los silencios, las indiferencias. A quien no le importaba nuestras decisiones era "Johanna" mi hija mayor. Quién me da la razón aunque no la tenga era "Daiana" mi tercer hija; y quien nos cambió la vida y estamos más cerca que nunca desde que nació "Eric" mi bebe.

A pesar de haber aprendido que ellos no son míos, sino hijos de la vida. Pues ella es quien realmente decide, cuando te da vida y cuando te la quita. Seguiré gritando que son míos.

Si tengo que hablar de todo lo anterior vivido o lo que me tocó vivir profundamente, diría que los tropiezos se quedaron en el tiempo, porque si los hubo fueron pequeños y si alguien los notó grandes no me acuerdo.

Compartí con todos familiares y amigos, solo hoy cuento con algunos ¡Y son tan pocos! Entre estos está mi gran amiga del alma Isabel con la que siempre pude contar, más en las malas que en las buenas. Ese ser tan maravilloso, tan noble, tan entregador de cariño y tan lleno del más puro sentimiento humano es una amiga con mayúsculas. Es la madrina de mi primera hija, promesa que le hice cuando éramos adolescentes.

Cuando la conocí tenía yo quince años y ella veinte. Salía con mi hermano; nos hicimos amigas y comenzamos ir a bailar, a reír, a disfrutar.

Siempre fui una pulga atómica; ella me contenía, me aconsejaba, pero disfrutaba de todos mis líos.

Pasaron años, Quique resolvió casarse con otra y a ella le dolió pero nuestra amistad perduró. Luego manejó un negocio de mi mamá, hubo un mal entendido y se mudó. Se ofendió y a mi amiga no la volví a ver hasta pasados siete años.

Desde que la recuperé, jamás permití que alguien se meta y corrompa esta pura y hermosa amistad. Compañera de los mates, inseparable de mi dolor. Hoy está presente por siempre: Mi amiga, mi hermana del alma Isabel.

Llegó la oportunidad de vender la casa quinta que estábamos construyendo en Ranelagh, y comprar la casa que da a los fondos de nuestro nidito de amor.

Mi prima Betty, quien la había habitado, se fue a vivir a España y su mamá, tía Telma, nos la vendió. Ya tenía en mi poder la historia desde la niñez, es decir ya soy totalmente dueña de la casa dominguera: reformamos, modernizamos. Nos mudamos un veintiuno de diciembre de mil novecientos noventa y dos, Eric tenía cinco meses.

El día de la mudanza fue toda alegría. Quique con una maza tiró la pared o muro que separaba una casa de la otra. Se unió nuevamente la casa dominguera y ya empezaron los cambios. Un veintiséis de diciembre, Johanna se quejaba de un fuerte dolor estomacal, que parecía ser de apendicitis. Inmediatamente la llevamos a la clínica, tras una estricta revisación medica se determinó que solo era hormonal. Nuestra niña estaba a un paso de ser mujer. Fue un susto, y todo volvió a la normalidad.

El dos de mayo de mil novecientos noventa y tres. Nini, Pato, estaba internado. Estábamos preocupados, desesperados, tras dos punciones en su espalda, dieron el resultado: meningitis. La angustia nos atormentaba por la enfermedad y las secuelas. Según los médicos, lo habíamos internado antes de que se declare la enfermedad. No dejó secuelas. Después de unas semanas le dieron el alta y volvimos otra vez a la normalidad.

En noviembre del mismo año papá trae a Erna a casa. La internan en un sanatorio está muy mal diagnóstico: cáncer, valiente se preparó, se dejó llevar. En enero decidió ir a morir a su querido Guatraché en la pampa, no quería que sus nietos la vieran morir, con un fuerte abrazo los dejó. "Una gran mujer" con una gran historia, con un destructivo final, como fue su vida. Ya volveremos a jugar a los dados, ya volveremos a cantar y estar con tanta alegría junto a vos ¡Mambo! Partió el quince de marzo de mil novecientos noventa y cuatro y en abril decidí ir a buscar a mi papá.

En mayo papá ya vivía con nosotros. Siempre él con sus silencios. El amor hacia él era enorme; tan enorme que lloraba al solo nombrarlo.

Al vivir papá con nosotros, mi hermano Quique venia seguido. Mamá se había mudado cerca de casa. Con mis cuatro hijos, marido, padres, hermano y Guillermo la familia estaba completa. Recuperé la calma al tener lo mío, mi felicidad estaba completa.

Ocho de Julio mil novecientos noventa y cuatro. El teléfono suena, es una mala noticia. José, papá de Sydney, está en la cama, no responde, se quedó dormido.

Días antes vino a casa en condiciones no deseables. Le dije a Sydney, si está tomado no lo dejes entrar, así fue que no entró y no entró más. Estaba cansado en la espera del cariño, se envolvió en la enfermedad del sueño y partió.

Me ocupé de su velatorio, hasta elegí el cajón. No fue cargo de conciencia, con el tiempo mi marido se encargaría de que su odio, sus culpas fueran hacia mi lado, ¡Otra mancha más al tigre, que le hace!

La casa es grande y el tiempo no me alcanza para mantenerla. Trabajar, correr todo el día. Pero lamentablemente tuve que decirle a Elena, mi inseparable y noble compañera de todas las tareas hogareñas: que, por un tiempo, iba a rescindir de sus servicios. Porque teníamos muchos gastos y debíamos aminorarlos para terminar la casa.

El día que tuve que decirle que no la necesitaba, llore junto con ella. "Mi querida Elena", ella decía: ¡No me importa, no me pague, vengo igual!, ¡Los quiero mucho! ¡Y los chicos a su Elena nunca dejaron de amarla y recordarla con mucho cariño! Ella a todos les cambió pañales, si yo no estaba les hacía la mamadera. De ellos recibió un beso de bienvenida y de partida, y también los míos.

Elena se fue y yo sola me partí en dos por su ausencia y mi dolor, ¡Ella también es y será mi gran amiga!

Analicé mi verdad, mi necesidad de estar más en casa. Eric tan chiquito, mis otros hijos ya crecidos, todo me pertenecía. Procuré estar en la oficina solo por la mañana. Mi marido se ocupaba de ella por la tarde y cuando salía a mostrar una casa me llamaba. Mi papá nos entregaba toda la jubilación, que en verdad era más que dos sueldos. Ahora podía ahorrar para terminar con la casa.

El tiempo no me alcanzaba. Corría todo el día excepto esas mañanas tan mías. Al irse los tres niños al colegio preparaba mi desayuno, sentada en una punta de la mesa de la cocina.

Mi vista se guiaba hacía la arcada que comunicaba al pasillo de las habitaciones de abajo, mientras escuchaba unos pequeños golpecitos en el piso los piecitos descalzos de mi bebe, y la voz de mi papá que decía "Susy el nene" ya sabía, lo estaba esperando, él me miraba con carita de enojado y chinchudo.

Salía corriendo para la habitación de las nenas, y yo lo corría, lo besaba y reía. Desde que papá vino a vivir con nosotros, Eric dejó el charriot y dormía en el medio entre nosotros.

Me acuerdo muy bien ese día; un diecisiete de agosto de mil novecientos noventa y cuatro. Mi papá con la comida, yo en la habitación de arriba bajando ropa de cama, la escalera sin barandas, el nene con mi papá y yo apurada "Que el nene no suba". ¿Por qué tanto miedo?, ¿A qué le temía?

Intenté bajar y me enredé con ropa en mis manos; ¡Fue todo tan rápido! Alcancé a ver el último escalón o el primero de la escalera. Me penetró el golpe seco y torpe. Quedé sin aliento en cuclillas, me arrastraba y de mi garganta solo salía aire.

Con deseos desesperados de gritos pude y grité sentada en el suelo, mareada. Vino mi papá, se asustó, llegó mi marido y mis hijos. Eric miraba mi cabeza deformada y reía. Mis hijos sorprendidos, mi marido asustado.

Me ayudan a levantarme, me tambaleaba, miré a mis hijos y a todos les vi un filamento alrededor de su cuerpo de color plata. Les decía que veía estrellas, como los dibujos animados. Aún mareada mi marido me llevaba al auto, mientras mi papá pedía una ambulancia ¡Yo totalmente boleada! Llegamos al sanatorio: radiografías, tomografías. No me vi en el espejo, pero me imaginé por la cara y los gritos de mamá.

Diagnóstico: fractura de cráneo. Internada tres días, empezó mi preparación: este golpe que me deformó la cabeza es un pequeño rasguño del que me preparo la vida.

Volví a casa junto a los míos; ¡Los extrañaba tanto! El veinticinco de agosto llegó mi cumpleaños mientras seguía en cama. Los demás en el comedor, amigos y pariente. Debido al accidente se tiró la escalera de cemento y se puso una de madera. Tuve que controlarme con otras tomografías.

Era diciembre o fines de noviembre, estábamos pagando dos planes de coche. Uno el Senda gasóleo y el otro un Fiat Uno. ¡Idea de papá Sydney! ¿Qué les regalamos a los chicos para Papá Noel? ¡Una pileta! yo: ¡No! Me acordaba de Ranelagh. Todos a disfrutar y yo algo que hacer: regar, plantar, limpiar, demás; discutimos pero en mí había algo que me decía ¡No! Todos los días el mismo tema.

Como no se vendía el plan del Fiat Uno, Sydney me propuso darlo mano a mano por la pileta de plástico reforzado. Contesté: ¡Si es así estoy de acuerdo! Se aceptó, entre el dieciocho o veinte de diciembre llegó a nuestro hogar la pileta. Vimos hacer el pozo, el lugar lo elegí yo. Pensé en el sol. En verdad estaba contenta, los chicos por demás alegres. Eric de la mano de mi papá, observando como la instalaban.

Al otro día llamamos al herrero, tomó medidas y nos comunicó que debido al mucho trabajo que él tenía, dentro de un mes pondría la reja alrededor. Mientras tanto una puerta de reja acostada en el pasillo trabaría el acceso ¡Y así se hizo!

Llegaron las fiestas, vino Papá Noel. Cumpleaños de papá Sydney junto con el fin de año. ¡Qué alegría! Se festejó en casa, sobraba lugar y entramos todos, algunos felices y otros no tanto. Mi mamá siempre en pasado, nunca en presente. Amarga los vivos y disfruta los muertos. Según mi mamá desde que Negrita partió no existen las fiestas. Yo nunca existí, pero mis hijos felices, con eso me basta, me alcanza y me sobra. Lo demás no me importa.

CAPÍTULO V

Y llegó el año mil novecientos noventa y cinco. Lo recibí mirando al cielo pidiendo un cambio, un fuerte deseo de felicidad, de suerte, de bienestar. Eric girando su cabecita hacia los lados, me miraba maravillado, me tocaba la cara y me señalaba los fuegos artificiales le di mil besos y lloraba. ¿Por qué? no sé, pero lloraba. Así recibí el año. Al otro día, primero de enero, todos los que estaban en la noche del treinta y uno más los que venían, la pasaron en casa. La pasamos muy lindo, creo haber estado muy feliz, Sydney y yo nos llenamos de mimos. "Mientras exista armonía" todo está bien. Tengo mucha facilidad de olvidarme de todo, pero de todo, hasta de lo más cruel. No se guardar rencor, ni me interesa.

Pasaron los días, venían familiares, yo limpiaba, la casa era un chiche, coqueta, brillosa, pero ese día estaba enojada con la casa. Vino mi cuñada Silvia, tomamos mate y le dije que tenía bronca con esta maldita casa ¿Qué pasaba conmigo? ¡Estaba molesta! Con mi marido todo bien.

Ese día que marcó mi antes y mi después; el día de mi transformación, el día que analicé, el día que no entendí. El día viernes trece de enero de mil novecientos noventa y cinco.

Mucho calor, Nini (Pato) se fue al ateneo con sus compañeros del colegio, Daiana y Johanna disfrutando de la pileta en casa, yo limpiando, pero decidí estrenar la pileta. Me metí con mi bebe Eric, salía y volvía a meterse tirándose en mis brazos.

Observé que la pileta estaba muy llena para él, me medí donde llegaba el agua, un poco más de la cintura. Salí y lo medí a él; sus ochenta centímetros llegaban a mis caderas. Pensé: Le voy a preguntar a Sydney ¿Por qué la llenó tanto? Que saque un poco más de agua, ¡Porque a Eric lo tapa!

Seguimos jugando, estando afuera tiró su triciclo con los cochecitos. Mi papá lo tomó de la mano y se reía por travieso. Me dijo: "Me lo llevo al kiosco". Corrió Johanna a cambiarle el pañal, preparé la mamadera y Johanna feliz se la dio, lo adoraba.

Algo muy extraño paso en ese momento. Fue cuando al entrar al comedor, percibí una ráfaga de viento y la puerta chica del modular se abrió sola y se cayeron y se rompieron tazas y platitos.

Mi papá cerró la reja del pasillo y yo dejé abierta la puerta del comedor que da al fondo.

Cerré la bolsa de la basura y salí a la calle. En la vereda mi papá apoyado en la pequeña reja del ventanal, y mi bebe sentado con la mano ocupada por un chocolate y sus cachetes gordos saboreando. Me causó gracia y felicidad.

Decidí subir a mi dormitorio; no puedo acordar el motivo ¿A qué? Solo sé que estando parada a los pies de mi cama escuché algo dentro de mí, una voz de mujer como un mensaje. ¡Era fuerte!, y a su vez inentendible. Te tienes que preparar para.... hijo. ¡Bajé rápido las escaleras! Comprendí o no sé, solo sé que gritaba. ¿Eric dónde está?

Mis tres hijos mirando televisión responden: con el abuelo. Salgo al patio interno, mi papá arreglando un farol; le pregunté por Eric, y él me responde: ¿No está con los chicos? ¡Tal vez esté con tu marido en la oficina!

Corrí asustada a la oficina, pregunté: ¿Dónde está el nene? Cuando Sydney me dijo ¡No sé!, corrí nuevamente a la cocina, apagué la Televisión gritando ¿Dónde está Eric? Miré la puerta del comedor abierta, corrí al fondo, me paré al borde de la pileta y no lo vi. A mis pies estaba flotando verticalmente. Veía sus zapatillas, grité y lo saqué. Mi papá tiró la reja, mis hijos corrieron hacía nosotros; sus ojitos entreabiertos. Mi papá lo puso sobre el pasto y apretaba su pechito. Salió leche, chocolate y yo solo gritaba ¡Llama a Sydney!, pero Johanna o no sé quién, le dijo que estaba muerto y él no respondió, solo corrió a la calle y otra vez: "me dejó sola".

Al ver que no venía arranqué a mi bebe de los brazos de mi papá y corrí gritando a la oficina. ¡No había nadie! La puerta de calle abierta y el coche de un vecino cruzado en la vereda. Me hizo subir preguntando a donde ir. Sydney solo me miró y no se acercó. Otra vez "me quedé sola". Grité: ¡A los bomberos!; estaban a una cuadra y media. No se podía cruzar la avenida. Baje y frené los coches. Los bomberos no entendían, subimos al móvil. Evidentemente no sabían que había pasado. Acudieron al oxígeno, no funcionaba, manejaron para Calchaquí, no sabían dónde ir, ¡Yo sé que puse a todo el mundo mal, pero era mi bebe y nadie sabía hacer nada! Grité: ¡A la Clínica del Niño! Llegamos a la guardia, fuimos a terapia; el bombero corría por las escaleras con mi bebe en sus brazos. Yo y mi desesperación lo seguíamos. Entré a terapia, empujé a todo el mundo, me pedían que me fuera, que otros niños estaban mal. Yo no entendía, no razonaba ¡Quería ver bien a mi bebe!

Quedé afuera caminando sin cesar. Llegó mi marido ¡Cuánto le pegué! Repetía y repetía ¡Yo gritaba y vos no venías!

Pasó mucho tiempo, no pude medirlo ¡Mi hijo está vivo! Pero los médicos piden hablar con nosotros: Hay que esperar preguntan el tiempo que estuvo en el agua, respondo: ¡No lo sé!

Lo vimos con sus ojos vendados, cables, máquinas que hacían ruido, suero. Mi bebe con sus dos añitos y medio. Había que esperar. Pasaron los días, los médicos nos decían que estaba estable.

Le hablábamos, lo acariciábamos. Venía tanta gente. Su médico pedíatra Fernando, tantos amigos que querían ayudar, rezos, plegarías, cadenas. Un médico neurólogo del hospital Italiano ¡Me dio tantas esperanzas! Si pasaba las cuarenta y ocho horas lo llevaban al hospital, pero había problemas entre Femeba y la Clínica del niño.

Femeba siempre se portó excelente. El nene seguía con cobertura hasta que fuese necesario. Algo dentro de lo extraño también me sucedió en la clínica: estaba en planta baja, antes de subir a terapia tuve un Flash. Vi un velorio y mucha gente, no me gustó, me negué, y llegó el séptimo día. ¡Estaba tan cansada! Una y diez de la mañana, le dije a mi bebe que quería descansar. Observaba la máquina y veía que subía la frecuencia y tenía miedo, mucho miedo, me quería ir y a la vez no.

Me fui, me senté, me dormí.

Sydney también descansó. Nunca dejaron sus manos de abrazar la Biblia y la zapatillita de nuestro bebe.

Le avisaron, me despertó: su silencio me dijo todo. Comprendí o no entendí. Abracé a mi bebe, me lo llevé a una habitación, le di calor, nunca estuvo frío, ¡Sólo dormía en mis brazos!

No sé el tiempo que estuve, pero recuerdo que nunca dejó de estar a mi lado mi cuñada Lilian. ¡Me lo sacaron, me lo arrancaron! Lo esperé, me lo entregaron y lo vestí con su ropita, su frazadita, sus juguetes ¡Cuánta gente vino a ver a mi bebe!

Al otro día lo acompañamos a un parque llamado "El Campanario". Volvimos a la tarde, al otro día, al otro, cortábamos el pasto. Yo siempre le cortaba el cabello, todo se lo hacía yo. Hoy hago cada vez menos y no voy tan seguido, aunque la esperanza de volver a estar juntos otra vez va a seguir latiendo en mí. Esta es la locura más hermosa que me hace vivir; si no la tuviera no podría seguir ¡Y es muy mía!

Mi entender se mezcló con mil preguntas, algunas hechas en voz alta con alguna que otra respuesta queriendo ser coherente. Si cada ser humano pudiera meterse, penetrar y sentir el verdadero dolor de la pérdida de un hijo, se llenaría de silencios porque el raciocinio se transforma en un globo inflado.

En mi interior y en cada órgano del cuerpo con síntomas destructivos irreparables, sentí dolor en el alma, el verdadero dolor del alma. Es una mezcla de sensaciones hasta penetra la locura. Vacío, insatisfacción y un dolor que late dentro de uno como fuego volcánico.

Arrebata, marea y hace una profunda huella. Herida que nunca jamás cicatrizará.

Todo era una constante de morir y vivir con la nada al pensar que no ocurrió, que es un sueño, que alguien está con él y que todos te mienten. Tenía la mezcla de un dolor viejo, como si hiciera mucho tiempo que hubiese pasado. Tenía y tengo la idea de que me lo han raptado, hoy aún lo pienso. Que va a volver a casa golpeando la puerta de entrada, reconociéndome como mamá. Tenía la sensación de que iba a resucitar como lo hizo Jesús, por ser un angelito. Reaccionaba ante la locura de creer que hombres de otros mundos más avanzados iban a devolverme a mi hijo. Me engañe tantas veces, y quedaba tirada en cualquier lado. Todo daba lo mismo, confundía el día y la noche, vivía como en alerta, como si lo ocurrido no fuera real, no coordinaban, no reaccionaba.

Y vivía con los por qué, con ganas de que mi cama me abrazara y no me dejase levantar más; tenía tantas cosas y estuve tan vacía.

No todos ante la pérdida de un hijo podemos actuar de igual modo, porque cada ser tiene sus tiempos, su verdadero despertar, sus lógicas ilógicas, su entrega al vacío, al porqué, el comprender, conformarse nunca existe, el acostumbrarse, el seguir, vivir o ser un muerto en vida.

Pero dentro de las respuestas me abracé a una, dentro de mi coherencia, a la más lógica: tengo tres hijos que aman a sus padres, ellos también sufren la pérdida del que tanto amaron "su hermanito" ¡Contenerlos, esa es mi misión! .Vivir por ellos y para ellos es el sentido de mi vida.

Estuvieron pendientes y están en mis silencios, en mis ojos gastados de tanto lagrimear, del pensar mirando la nada en el vacío y el miedo de perder a mamá, tan pequeños.

Preguntándole tantos porqués a la vida, del sentido del vivir, de la piedad, del por qué nuestro bebe de dos añitos y medio no tuvo derecho a equivocarse ¿Por qué el Señor no le dio otra oportunidad? ¡Y se lo llevó! ¿Solo los elegidos se salvan? Así siguen mis hijos por la vida cada uno con su mochila de dolor y yo los abrazo con mis fuerzas, con mi empuje. Ellos me hacen revivir día a día con ese gran amor que me demuestran, porque cada uno es un ser especial, maravilloso y distinto.

Ellos me eligieron como mamá y pensar que antes de la partida de nuestro bebe, Nini, "Pato" me preguntó con esas preguntas tan adultas, tan propias de él: ¿Qué somos nosotros tus hijos, para vos mamá? Yo le respondí: ¡Cada uno de ustedes representan mis dos brazos y mis dos piernas! Faltase uno de mis brazos no podría abrazarlos totalmente, y si me faltase una de mis piernas no podría caminar, me caería. Debido a ello le s escribí un verso: "Queridos míos" (fue una premonición). Luego nuestro pequeño bebe voló.

Cuantas veces quise no tener un brazo o una pierna. Y Nini "Pato" volvió a preguntar: ¿Ahora mamá Eric no está, que va a pasar con tus brazos o tus piernas?, mí silencio y su fuerte abrazo penetró y descubrí que mis tres hijos necesitaban a su mamá entera para ellos y también para mí bebe.

Despertaron los nuevos días profundizándose los silencios. No quería volver a casa. Preferí alejarme y mi familia me siguió. Habíamos llevado los colchones a la casa de mi mamá a media cuadra de nuestro hogar.

Se mezclaba todo en mí: el miedo, la angustia, el odio, la bronca. Buscaba algo, nunca supe qué. El primer día no pude dormir, la noche me hacía daño, mi bebe no estaba. Pensaba en el frío del campo santo, en el miedo a su soledad, en su desprotección, en el abandono, y me quedaba sentada en el sillón con los ojos humedecidos. Al cerrarlos vi un pequeño círculo rojo, como gota de sangre; lo veía y no entendía. Era muy pequeño, distante y a la vez presente, lo asociaba con mi bebe ¡Cómo se mezclaba todo!

En las noches venideras buscaba su luna, el día que partió ¡Era tan grande la luna! Nunca la vi tan cerca. Él siempre la observaba, cuando estábamos en el fondo, patio interno, o el pasillo que iba hacia la calle. Al estar en mis brazos, el acaricio mi rostro, puso su frente con la mía, nos mirábamos fijamente y después señalando la luna me dijo ¡Ma luna!

Con Sydney en varias oportunidades vi que hacía lo mismo, enfrentando sus frentes y las miradas fijas durante mucho tiempo como si quisiera entrar en su conciencia y decirle: ¡Despierta!

Él nos estuvo preparando y nosotros no comprendimos. Se le entendían pocas palabras, pero la palabra luna era nítida.

Antes del accidente nuestra querida perra Gala que era una doberman, se estaba preparando para tener cachorritos. Decidimos quedarnos con una hembrita y elegimos el nombre antes de nacer. Todos escribimos un nombre en un papelito, por Eric pusimos luna, mezclamos y salió ese nombre. El elegido por nuestro bebe.

El día del accidente por la noche, Gala tuvo a sus cachorros y nació "Luna. No fue criada con nuestro tiempo ni amor, sólo recibió el amor de su madre.

Después de una semana de estar con mamá, mi familia y con razón, me pidieron volver a casa. Olvidé que a mi papá lo había dejado solo; con su angustia, su gran culpa y su dolor. ¡No tuve piedad! Hasta desee su muerte a cambio de la de Eric. Llegué a mirar a mi papá con odio; lo llené de culpas, hice brotar silencios, ya no era lo mismo para mí ni para nadie.

Al sentarnos a la mesa para almorzar y cenar ya no había alegría, ya no había aplausos por las monerías que él hacía, o por cada bocado que él comía cuando estaba inapetente. Su lugar en la mesa a mi lado era tan real que nos quebraba a todos, ¡Nos enloquecía de dolor! Hasta que un día mi pequeña Daiana se sentó en ese lugar y nadie dijo nada, siguió la vida.

Cada mañana despertaba buscándolo al lado mío, porque dormía en el medio de papá y mamá. No podía dormir si no saboreaba sus aromas, si no acariciaba su piel. Siempre cuidé que no se golpeara cuando aprendió a caminar; siempre fui y soy muy posesiva con mis hijos, no me interesa cambiar, es más, me hace feliz.

Cuarenta y cinco días después de la pérdida de mi querido bebe Eric, tuve una aparición que para cualquier persona puede ser una imaginación ante el dolor, ante mi desesperación; pero jamás fui medicada con calmantes antidepresivos, ni remedio alguno para ayudar a mi histérico dolor. Esa aparición que hoy sigo anhelando volver a ver:

Yo estaba en mi cama y miré la pared blanca frente a mí. Vi dos luces apenas separadas, de forma rectangular como la de los tubos fluorescentes. Tenían luz propia con colores pasteles, era un humo luminoso del color del arco iris, muy tenues.

Al verlo quedé inmóvil y ésta comenzó a desplazarse muy lentamente hacia el techo de la habitación. Mi vista seguía su recorrido. Empezó a bajar hasta mi almohada. Me daba paz, fueron segundos y se esfumó, "desapareció". Seguí inmóvil, con una sensación de comunicación ¿Era mi bebe?, ¿Era una luz que venía de la calle? Siendo el atardecer no podía ser luz de la calle, no podía desplazarse por el techo y apoyarse en mi almohada porque detrás de ella está la pared ¿Estoy loca? ¡Si siempre fui cuerda! ¿Era un sueño? ¡Si estaba despierta! ¿Era mi imaginación a mis desesperados pedidos? ¡No! Eso fue tan real ¡Como la realidad que estoy viva!

Llamé a mi marido y el me creyó porque yo no podía inventar cosas en relación a nuestro hijo. Agradecí su apoyo, estábamos muy unidos, más unidos que nunca. Hablábamos mucho; cuando uno de los dos caía el otro lo apoyaba. Nos quedamos dormidos llorando, me despertaba sintiendo como si una pluma me acariciara el cuerpo, los brazos, las piernas, las manos.

La primera noche que pude dormir en nuestra casa soñé con mi abuela Josefa. La vi joven y me abrazaba llorando. Otra noche me desperté como sobresaltada y vi una figura humana como una sombra, la altura de un chico de diez años al lado de mi cama, fueron milésimas de segundos.

A la mañana caminando hacia la calle por el pasillo de la casa, miré al cielo y le pedí una señal extendiendo mis manos, y una pluma blanca y muy pequeña cayó en ella. Empecé a relacionarlo con los pájaros. Las plumas que veía en el suelo la levantaba y la guardaba. Al poco tiempo de estar en casa un pajarito bebe cayó en la pileta. Pato me lo trajo, le dimos de comer con un escarbadientes. Movía sus alitas y abría su piquito. Días después lo hicimos volar, y aún más relacioné a mi bebe con los pájaros.

Un día soñé con una mujer con un vestido o túnica blanca, con cabellos largos muy negros, muy bonita y con una amplia sonrisa. Estaba embarazada, su panza era muy grande, solo sé que sonreía.

¡Nunca la había visto en mi vida!

Tanta cosa experimentaba día a día, algunas de ellas las volqué en mi historia. Otros sueños se enredaban en mis sentidos: "Mi bebe en una cama de un cuarto vacío, alrededor gente con ropa blanca. Observaba de lejos, no podía acercarme; se cruzaba una enfermera llevando a mi hijito en sus brazos.

Vi un chapón blanco con azul con el número doscientos treinta y cuatro que pertenecía a una calle del Barrio Parque de la localidad en que vivo. Me desperté, me dirigí al auto y fui a Barrio Parque. Encontré un chapón de ese color con el nombre de la calle y a un costado el mismo. Estaba pegado a la pared de una casa en la esquina. Sensación de nada y lloraba, solo lloraba ¿Qué podía hacer? ¿Qué quiso decir ese sueño? "No entendí".

Iba al supermercado, me detenía a mirar a la gente, me caían lágrimas, mi razón ya no existía y mentalmente repetía: ¿Qué sentido tiene la vida? Trabajar, comer, dormir; analizaba todo, todo era un ¿Por qué? Nada tenía respuesta. Comencé a ver a las personas con una luz alrededor de su figura humana muy tenue, entre blanco y celeste, otras grisáceas. Tuve otros sueño ¡Era tan real! Con sus manitos en mi cuello giraba a mí alrededor, volaba y reía en el pasillo de la entrada de casa, era más chiquitito, con su torso desnudo y sus pañales. Una música de fondo que nunca había prestado atención al escucharla. Eric reía, yo también, era inmensamente feliz. Al despertar tarareaba la melodía y le pregunté a mi marido si la conocía. Él solo sabía que era de Michael Jackson y salí a comprar el cassette. Lo conseguí en inglés. No es mi tema, no me gustan otros idiomas.

Fui a ver a Peggy, mi suegra, hija de irlandeses. Se puso mal y no pudo traducirlo, solo me dijo que nunca imaginó que este cantante podía escribir algo tan lindo. A la semana llega a mis manos un diario; una nota hecha a Michael Jackson donde presenta la traducción de la letra de la canción que yo había escuchado en el sueño, "Curar el mundo". Esta letra es muy profunda, entendí, que mi bebe ¡Mi gran bebe me envió un mensaje! ¡Qué hermoso es mi bebe!

Los Compositores También Ponen su Granito de Arena

Como todos ustedes saben, la ecología es el tema de moda de los últimos tiempos. Como tal, no se les podía escapar a los cantantes que necesitan ser escuchados. Uno de ellos es la gran estrella: MICHAEL JACKSON.

Sin lugar a dudas, muchos de ustedes habrán escuchado la canción "Curar el Mundo", pero tal vez no hayan podido entender la letra por no saber inglés.

Por tal motivo se nos ha ocurrido presentarles la traducción de la letra de la canción ya que la consideramos de gran contenido ecológico.

Empieza así:
Hay un lugar en tu corazón,
y yo sé que es amor
Y este lugar puede ser mucho
más brillante que mañana
y si vos realmente intentás
encontrarás que no hay necesidad de
llorar.
— En este lugar sentirás que no hay
dolor ni pena.
Hay maneras de llegar ahí
si te preocupás lo suficiente
por los que viven,
hacé un lugar chiquito,
hacé un lugar mejor...

ESTRIBILLO:
Curá el mundo.
Hacelo un mejor lugar
para vos, para mí,
y para toda la raza humana.
Hay gente muriendo, y si
te preocupás por los que viven
vas a hacer un mejor lugar
para vos y para mí.

Si querés saber por qué hay
un amor que no puede mentir,
el amor es fuerte y
sólo se preocupa de dar alegremente.
Si intentamos vamos a ver

que en este lío no podemos sentir.
Con temor o pavor tenemos que
dejar de existir
y ¡EMPEZAR A VIVIR!

Entonces se siente
que el amor es suficiente
para hacernos crecer.
Por eso hacé un mundo mejor
hacé un mundo mejor...

ESTRIBILLO

— Y el sueño que tenemos
va a revelar una cara feliz,
y el mundo en el que una vez
creímos va a brillar en gracia.
Entonces por qué seguimos
estrangulando la vida,
lastimando el planeta,
crucificando el suelo.
Es perfectamente visible
este mudo es paradisíaco
Seamos la luz de Dios.

Podríamos volar tan alto,
nunca dejemos morir a
nuestro espíritu.
En mi corazón siento
que son todos mis hermanos.

Creen un mundo sin miedos
y juntos vamos a llorar
lágrimas de felicidad.
Vean a las naciones transformar
sus espadas en arados.

Realmente podríamos llegar
si nos preocupáramos por
los que viven.
Hagan un lugar chiquito,
hagan un lugar mejor...

Y así termina este señor una gran canción dedicada al mundo. Tal vez chicos, deberíamos dejar los prejuicios a un lado; Michael Jackson tiene cosas importantes que decirnos y es hora de escucharlo.

CRISTINA IGLESIAS

Abrazada a mis esperanzas seguí analizando hechos tales como la caída de un cuadro, como la colección de plumas que acuesto en un libro jamás leído llamado "Milagros". Estas plumas las relaciono con él.

El observar el lugar donde a él le gustaba estar y ver aparecer un círculo como un globo rojo anaranjado; lo vi moverse y traspasar la pared hacia fuera. Corrí, lo busqué y lo encontré arriba de la pileta. Empezó a volar en dirección al techo de casa y luego ¡La nada!

Cada vez que iba al cementerio un pequeño reflejo

venia de mi reloj pulsera desplazándose por el piso, lo relacionaba con él. Vi moverse las flores, mientras yo le hablaba a mi bebe. Estando ahí llegaron a mis manos envoltorios de caramelos. Otras veces vieron mis ojos, tras el vidrio de mis lentes, pequeños círculos, como si estuviera mirando tras un telescopio, parecían ser como células girando mientras que en su interior habían otras más pequeñas. En esos momentos pensaba si eran mis lágrimas reflejadas en los anteojos. O si era el haciéndose presente en alguna forma.

También mi mano apoyada en un papel escribió lo que él me comunicaba, solo él y yo sabemos que fue así.

También nos ha ocurrido que siempre al pensar o hablar de Eric, apareciera por la televisión la película "Ghost, la sombra del amor" cuya música despertaba y aún despierta en nosotros una emoción muy particular.

Cuando Daiana cumplió quince años quiso entrar al salón con esa melodía, como también Johanna en su actuación de solista en patín artístico. A pesar de que pasaron los años nos sigue sucediendo.

Cuando Johanna cumplió años se despertó a la madrugada al sentir un beso en su mejilla. Años más tarde le ocurrió lo mismo a Daiana. Cuando ella tenía nueve años decía ver a su abuelo Floreal caminar por el pasillo rumbo a la calle y a su lado verle una pequeña lucecita.

Mi hijo Pato durmiendo tuvo dos experiencias: en una sintió que le soplaron al costado de su cara y la otra que alguien se sentaba al borde de su cama.

Mi marido al estar frente a la computadora tuvo la experiencia de escribir palabras como si ellas fueran dictadas. Jamás se dedicó a escribir. Su amor siempre fue la música.

Todos mis hijos y marido e inclusive yo hemos soñado con Eric y nos parecieron esos sueños tan reales y felices que deseábamos seguir soñando. Jamás soñé con algo de lo que angustiosamente me tocó vivir.

¡Seguí borracha de tanto dolor!

CAPÍTULO VI

S iguieron los días. Venía mi hermano, se paraba en el umbral de la puerta de mi habitación, me hablaba y se marchaba rápidamente. Supe que no soportaba mi sufrimiento.

Cuando nos abrazábamos, yo con un metro cincuenta y mi hermano de metro ochenta y ocho de altura ¡Que diferencia! ¡Todos decían que éramos iguales! En lo que respecta a los gestos, miradas, reacciones, nuestra forma de castigarnos, de demostrarnos los propios logros, las exigencias para con nosotros y para con los demás. En eso idénticos.

Siempre tuvo el poder de un carisma especial con la gente. Cuando él llegaba se mezclaba la alegría con la importancia de su llegada, tenía un no sé qué, mezclado en su carisma. Pero yo sabía que en la mirada estaba envuelta su tristeza.

Él me admiraba en muchos aspectos y yo también lo admiraba con orgullo. Pensar que tuvimos la misma crianza, vivencias y el mismo amor por la familia.

Él tenía una rebeldía propia y justa, necesitaba por fin gritar a su manera ¡Que siempre estuvo vivo y debía decidir por él! Porque nadie le consultó nada, nadie le preguntó si algo le dolía ¡Yo sé que sí! Dolió todo por muchos años.

Cuando fuimos grandes Quique y yo hablábamos vagamente de algún tema. Me enteré de cosas que no recordaba. Él calló, acumuló, no olvidó, ni perdonó, solo juzgó, se atormentó. Demostraba una coraza de fuerza. Era imponente, corpulento, hermoso, se parecía por no decir "igual" a Silvestre Stallone, y yo sabía muy bien "Que era un tierno bebote".

Le molestaban los gritos, sobre todo en la mesa, él decía "paz". Tenía cosas similares a mi abuelo y lo recordaba siempre, con un afecto especial y con alegría. Jamás perdonó a mamá por no haber prestado oído a nuestro padre y decidir la separación. En él quedaron grabadas las palabras que le tocó escuchar:

-¡Hacelo por los chicos, volvamos a estar juntos!

-¡Hoy pienso en mí!, porque mis hijos cuando sean grandes, van a pensar en ellos.

En Quique estas palabras fueron la señal de su existencia, nunca más vivió por él o para él sino por y para sus hijas, mis queridas sobrinas: Viviana, Fabiana y Mónica. Él necesitó ser querido, deseaba formar una familia, y lo logró ¡Aleluya!

Tal vez su esposa por celos me vio cómo su enemiga. Nunca me consideró la hermana de su marido; pero yo a ella le di su lugar, la respetaba no yendo a su casa y viendo a mi hermano lo menos posible. Eso implicaba estar menos tiempo con él y mis sobrinas. Si él era feliz así, yo también lo era, y así fue hasta que se impulsó ante ella y determinó que me respetara como su hermana. Empezamos a estar tan unidos como cuando éramos chicos.

Quique no estaba bien, tenía que operarse. Se fue a Brasil para ver a alguien que curaba y operaba con las manos; llevó fotos de todos nosotros. Cuando volvió tuvo que ir a visitarme al sanatorio ya que me habían internado con neumonía.

Un médico me dijo que el ser humano también llora por los pulmones. Llegó mi hermano, me contó que no lo operaron, pero le entregaron una estampita del Sagrado Corazón de Jesús. Nunca creyó en nada y menos en los curanderos; era incrédulo en todo.

Quique, sufrió dos desmayos. Favaloro le aconsejó la operación. Tenía dos por ciento en contra. Se operó en un Sanatorio lástima que no fue el de Favaloro. Al poco tiempo de estar operado, llamó por teléfono diciéndome que como no se sentía bien iba a volver al sanatorio. Fue solo en su coche. Al rato avisaron que había que operarlo, lo abrieron como un pollo nuevamente. Diecisiete de Agosto al año de mi fractura de cráneo, y seis meses de la partida de Eric. Corrimos todos al sanatorio. Él no quiso despedirse de nadie, solo le dijo a Betty con los ojos llenos de lágrimas ¡Tengo miedo!

Eran las dieciocho y treinta horas. A las seis de la mañana nos avisan que no había nada que hacer, ¡No responde!, grité, lloré, quise entregar mi corazón. Mis sobrinas sufrían, mi cuñada desmayada, mi mamá no comprendía que perdía un segundo hijo. Me lo entregaron, fui la primera que lo toqué y quedó en mí al poner mi mano en su hombro la fuerte corriente eléctrica que recibí ¡Hermano porque te fuiste ahora que volvimos a encontrarnos!

Cuando Quique partió, en el velorio me acerqué a su cajón y estaba comunicándome mentalmente con él. Le hablé de mi Eric, le pedí que lo cuidara y que yo cuidaría de sus hijas.

Estoy con mi hermano, va y viene mucha gente en

silencio; vagos recuerdos se interponen en mi mente de la relación que nos ató en la vida con buenos y malos momentos, con todo lo que hace a un ser humano vivir y subsistir.

Pero Quique, aunque nadie se dio cuenta, estaba entre nosotros. Yo lo sentí, lo compartí. Me acurruqué en un sillón y observé el silencio de mi papá, su mirada fija al suelo, ¿Cuál sería el secreto de su pensamiento?

La muerte le ganó un segundo hijo. Mi mamá aturdida hablaba, se reprochaba por qué lo amó tanto y tan equivocadamente. Lo sobreprotegió con su miedo de perderlo, y se equivocó.

Dejé de ir a casa de mi hermano por el gran dolor que me producía. Me contaron de su pedido: quería que lo cremasen. Su pedido no fue concedido. También insistí en una autopsia que nunca me fue permitida. No puedo juzgar a su mujer, ella también sufría y no quise ir más. ¡Hermano mío otro deseo no cumplido!

A los tres días de partir mi hermano mi hijo Nini: Pato cumplía años, y cuatro días después tomaba la comunión. Con su bronca, con su dolor y su llanto, resolvió cambiarse de nombre y eligió el apodo que su tío padrino le había puesto: "Pato" porque según Quique Nini era un apodo de marica. También se cambió de cuadro de fútbol y decidió ser de Racing y de Quilmes como su tío.

Siempre halagamos el gran parecido en todo con él por eso decidió remplazarlo e igualarlo, porque lo admiraba y lo admira.

Un día se acercó a mí y me conto que al caminar por el pasillo en dirección al ingreso de nuestra casa visualizó su sombra, vio que esta se iba tapando por otra más grande. Giró pensando que alguien estaba detrás de él y su sorpresa fue que nadie estaba. Pensó en su tío. Hacía una semana que había partido.

Al tiempo fui a San Nicolás a ver a la Virgen de los Milagros. Antes mi prima Choly y Cacho, su marido, habían accedido a mi pedido, cuando Eric estaba en la clínica viajaron a pedir un milagro. Se bendijo su ropita con que mi hijito partió. Imploré un milagro, poder creer nuevamente en algo, "quedar embarazada". Su almita tenía que volver a mí ¡Total egoísmo humano!

Se cumplió ¡Embarazada otra vez! Tenía alegría envuelta en tristeza. Daiana feliz, Pato y mi marido con felicidad y miedos, Johanna se negaba. Pero todo volvió a ser como antes. A los tres meses se había detenido el crecimiento, no se escuchaban los latidos del corazón. A la clínica otra vez.

Enterramos una ilusión y volvimos a empezar. Lloraba sin saber por qué, ni por quién, solo sabía que llegué a odiar la casa. Quería escapar de todo, de mi marido también. Sydney se llenó de tanto odio que se destrozó. Se culpó, culpó a todos y a todo ¡A mí también! Se enfermó de ira; siguió enfermo, no intento curarse, le cuesta ¿Podrá?, lo dudo. A veces no quiso mi ayuda, no sé hasta cuando, pero todavía estoy a su lado. Él sabe que existe, pero no se preocupa en saber por qué y para qué.

Un día decidimos un cambio: vivir en Córdoba. Compramos una heladería hipotecando la casa de adelante. Explotamos solo la temporada para pagar las deudas y después irnos. Fuera de temporada trabajábamos en

Buenos Aires. El primer año de Córdoba nos fue bien. Mi papá se negaba al cambio y no quiso venir. En plena temporada volví a Buenos Aires, mi papá estaba mal, cáncer de pulmón. Lo cuidaba su gran amigo "Guillermo" se hicieron amigos tras el drama de Eric. Internamos a papá. Ya en terapia le hablé mucho a pesar que me decían que estaba inconsciente, balbuceaba quédate, ándate, vení, déjame. Quería ver a mi papá bien. Hablé con el médico, no quería verlo sufrir... "mi papá decidió irse, y se fue".

Otra vez el dolor, pero ya el dolor era carne en todo mi ser. Lloré, pero decidí dejarlo descansar en paz porque es real que los padres por ley de vida se van antes que los hijos.

Él había enterrado dos hijos y un nieto; su dolor más fuerte. Me lo dijo antes de morir, "fue su nieto". Sé que se culpó, yo también lo culpé. Nunca se lo dije: "Papá te amo y te amaré eternamente" ¡Perdón!

Mi marido me vino a buscar a Buenos Aires. Trabajamos, volvimos y fuimos. Empezó y terminó el año noventa y ocho. En ese mismo año, el veinticinco de febrero, partió mi papá y el veintiséis de diciembre, mientras Daiana y yo estábamos en el negocio, escuchamos la ambulancia, los bomberos, comentarios: "Hubo un gran accidente para el lado del río, del lado del puente de hierro", Daiana gritó: ¡No!, nos estábamos mirando las dos al mismo tiempo, lo pensamos, lo sabíamos antes de que nos avisaran. Fuimos al hospital, Daiana no se calmaba, su miedo a volver a perder seres que ama. Seguía golpeando el dolor. A dios le imploré ayuda y grité. ¡Basta!

Mi marido, junto a mis hijos Johanna y Pato, sufrieron un accidente automovilístico. Volcaron. Mi nena con lastimaduras y una herida de cinco puntos debajo de su ojito tenía toda su hermosa carita hinchada y lastimada. Pato todo su cuerpo con hematomas y golpes en su columna.

Me repetía que no tenía nada, se preocupó más por mí, que por él. ¡No se quejó, todo un hombrecito! Mi marido con fractura de cráneo y pérdida de conocimiento. Su cabeza era un óvalo, había otros chicos amiguitos de mis hijos que por suerte no se hicieron nada.

Después de idas y venidas en ambulancia a la cuidad de Córdoba, en el hospital comenzaron mis caminatas sin sentido entre la habitación de mi nena y la de mi marido. Tomé conciencia de la gravedad del desastre, de lo que pudo haber sido y no fue, de lo sola que me sentía a pesar que Rubén, mi primo, estaba como podía conmigo. Se ocupó de la atención de mis hijos Pato y Daiana.

Un veintinueve de diciembre les dan el alta. Estoy agradecida por la atención que les brindaron en ese pobre hospital de pueblo tan desabastecido, tan falto de recursos. Tenía miedo de decir en Buenos Aires lo que había sucedido. Tenía miedo de perder a mi mamá y a Guillermo. La distancia quiebra esperanzas y hace la imaginación dispararse a la impotencia, a la lógica y a la realidad que no se palpa ¡Ya no existía peligro! El horror quedó atrás.

No se cuan aturdida estaba que no me acordé de nada ni de nadie. Creo no saber dónde me hallaba, pero sí sé que caminaba, corría, preguntaba, no dormía. Era un zombi en esos días; era todo y no era nada, solo el terror me invadía.

Mi marido el día del alta llamó a su hermana Lilian; al otro día ella vino a pasar el treinta y uno con nosotros. Era el cumpleaños de Sydney y fin de año. Le pedí que no contara nada al resto de la familia; ¡Lo quería hacer yo! Lo hicimos el treinta y uno, pero ya lo sabían.

Sydney hablo con su mamá quien se ofendió junto a toda la familia. ¡Si supieran cómo es vivir aturdida, con miedo y sentirse en la nada! ¡Pero sí estar presente cuando se me necesita! siempre estoy sola con la peor parte, excepto por Lilián que nunca olvidó a mis hijos y a su hermano.

En plena temporada y tras el fructuoso accidente nos encontramos con la cámara de helados bloqueada en hielo. Se perdieron todos los helados. Estábamos arruinamos en lo moral y en lo económico. ¡Fundidos! Volvimos a Buenos Aires, sin coche, y llenos de deudas.

Empezamos a buscar trabajo. Me contrataron en una empresa de seguros de vida y a Sydney en otra.

Él volvió a quedarse sin trabajo, entrando en un estado depresivo insostenible. Se convirtió en un ser lleno de ira, se encerró en él haciéndose mucho daño. Pidió ayuda y cuando la tuvo la rechazó, se persiguió, envejeció, se torturó; todo era malo para él. Se sintió abandonado, los celos lo crucificaron, su inseguridad fue cada vez mayor. ¡Él no se podía perdonar!

En mi cuerpo, en mi sentir se mezclaron valores, dolores, sentimientos, vacíos, impotencias, broncas, necesidades que nada podía calmar. La angustia, tanta nada, el poder curar el alma con la verdad de lo lógico siendo todo totalmente ilógico. Seguí, caminé, corrí, me caí, me lastimé, me levanté, busqué, me pregunté, me respondí, y siguió mi búsqueda. Me enojé con Dios ¡Él sabe cuánto!

Me enojé con la vida, con las personas equivocadas que pasan haciendo daño y siguen viviendo. Me volví a preguntar si Dios tenía una fábrica de almas, También me pregunté ¿Cómo una persona hoy está con uno, y al día siguiente la muerte decide? Y seguí preguntando por la integridad, esencia; todo eso que nace de adentro, todo eso que no está en nuestra mira, por más que abramos su cuerpo, su materia y busquemos, jamás podremos ver, jamás podremos encontrar sus sentimientos, su felicidad. Todo lo más hermoso, lo fundamental para ser persona, que el individuo posee. Eso que nace de adentro eso que se llama espíritu ¿Dónde va? ¿Dónde está? Si antes no podía ver de dónde salía, de donde brotaba, de donde nacía, crecía y entregaba, al dejar el cuerpo ¿Sigue estando? ¿Existiendo? ¿Por qué no se pudre?

Me contesté: ¡Porque es inmaterial! ¡Porque cada uno de nosotros es irremplazable! Por eso mis preguntas se agigantaron más aún en el dolor, más aún en el saber. Sentí una y mil veces que mi bebe estaba cerca mío, en otra dimensión, u otros mundos materiales e inmateriales ¡Ahí empezó mi después! Mi entender, mi compresión, mi aprendizaje mi valor a la vida. Investigué, leí, pregunté a todo aquel que sabe de lo espiritual, del por qué nacemos y morimos carnalmente. Conocí muchas respuestas, encontré la mía y sigo buscando. Mi búsqueda empezó con mi desesperación. Fui a escuelas espiritistas, cursé parapsicología, leí de energía, de regresiones a vidas pasadas del mundo oriental lamas, tibetanos. Me sigo educando, me falta muchísimo hoy dios está dentro mío. Y vuelven a mí los consejos y palabras de mi tía Negrita.

Debido a todo lo aprendido encontré mi respuesta al porqué y para qué vivo. Es mi lógica, jamás pretenderé imponerla.

La comprensión, la calma, no solo llegó con los años, se despertó con el dolor, con la desesperanza y el tener que comprender la profundidad de mi existencia.

Vida: entendiendo que tiene un camino de ida, no volviendo por lo ya caminado. Que es un hecho natural, con una finalidad de existencia. Individualizada y definida en un cuerpo físico.

Valorizar: Hasta las insignificantes cosas que antes dejaba de lado, lo no importante, hoy me resulta indispensable. Hasta valoro el silencio porque en él tiene comunicación mi alma. De cada ser que pasó a mi lado, algo aprendo, nada es casualidad; lo causal tiene un motivo. Todo lo negado, lo encontrado, lo ofrecido, lo sufrido en esta vida: es mi evolución espiritual.

Hoy estoy en el camino de la vida junto a mis hijos y mi marido. Somos cinco; cinco seres que tomados de la mano entregan y reciben amor.

Sydney decidió cambiar; nosotros también. Terminó un capítulo, mañana comienza otro. "Hoy cayó el telón"- y sigo divagando por la vida.

Me quedó el sabor de la amargura. Lo que olvidé sin ser olvido y no conté en mi historia, pero siempre vibrará en mis recuerdos, y cuidaré mientras mi conciencia perdure. Fragmentos de mi vida que fueron y son merecedores de importancia.

Esos flashes que vinieron a mí con los años, porque cada día esos recuerdos me enseñan a dar otro valor a todo lo que recibí en afectos, en locuras y amarguras.

Vuelvo a recomponer mi continuidad de vida, me remonto a unos años atrás, casi una década en distancia. La situación económica era la quiebra, tenía que trabajar y ser el único sostén de la familia, siendo la respuesta de mi pareja: Al estar en un total estado insostenible de depresión, depender de mí en todo y para todos.

En Córdoba había quedado todo nuestro capital. Las instalaciones completas de la heladería, el vehículo en la casa de Rubén con el detalle del vuelco, los compromisos, las deudas, las amenazas. Me manejó el miedo, tenía que decidir entre volver a Córdoba y arreglar los problemas que existían o quedarme en Buenos Aires y seguir trabajando, cumplir con mis hijos y sostener a mi marido ¡Su camino lo llevaba al alcohol!

Decidió el miedo, él fue quien ordenó porque ya había tenido una despiadada experiencia antes de ir a Córdoba. Mi pequeño hijo Eric había partido de la faz de la tierra y cuando partió me abrazó la culpa por su accidente. Sí me iba a Córdoba, sentía que abandonaría a mis hijos. Me aterrorizaba el solo pensar en otro accidente y hubo una respuesta; quedarme al lado de mis hijos, y ayudar como podía a mi marido.

Habían pasado tantos accidentes y sucesivas muertes que no me explico cómo aún continuaba en pie. Continuó la vida, los días se me hacían iguales, como una burda y pesada monotonía. Me levantaba, trabajaba, me acostaba y seguía el ritmo. Mi cuerpo sentía cansancio y tenía muchas ganas que la cama se amarrara a mi cuerpo o mi cuerpo a ella…"Daba lo mismo".

Seguí exigiéndome para los demás. Los muebles estaban con polvo, continué mirándolos y no hice nada. Me visitaban los silencios y la contención siempre estuvo acompañada con mates junto a mi querida amiga y hermana Isabel; su alegría me bastaba. También de ella me toca hablar en pasado.

Un día con mucho dolor en su alma y con necesidad de afecto que yo percibí, llegó a casa. No tenía lugar donde estar; discusiones de familias. Ella, la única soltera, se sintió molesta y se fue. Su capricho vino a mí. Unos meses después en el cumpleaños de su ahijada: mi hija mayor y en pleno preparativos para esa noche. Mi querida amiga tras un paro cardíaco partió.

Ese día fui a hacer un trámite, mi hija Johanna al ver que tardaba subió a la terraza y la encontró. Mi hija aún me necesita, su trauma persiste. A mi gran amiga de la vida le agradezco siempre por su contención. Antes en la forma natural por nuestra especie, y hoy en la forma espiritual, porque es otro ser que siento que también está a mi lado.

A los cinco años de haber perdido mi bebe, yo tenía una filosofía distinta, es más, mis desesperadas preguntas me llevaron a ello. Si bien me identifiqué más en lo espiritual que en lo carnal y mis sucesivas experiencias fueron las que afirmaron que la muerte no existe porque es la proyección de la vida con diferencia en su estado. El cuerpo se crea y se destruye, la energía es la fuerza que lo anima, y el espíritu es quien lo estimula en sentimientos, emociones y sabiduría. Es lo único que perdura. Mi insistencia profundizó en mí ser, aunque todavía no paré de llorar a mi hijo, pues a los otros seres, padre, hermanos, tíos y abuelos los recuerdo y agradezco haber cumplido su misión a mi lado.

¡Lo de mi hijo es tan diferente! Me cuesta razonar. Mi corazón es quién manda. Estoy preparada para manejar esas flaquezas, pero a veces me vencen y entro otra vez a ser más carnal que espiritual ¿O es que mis sentimientos y mis emociones espirituales son quienes reclaman? Sigo filosofando.

Sigo filosofando en mi existencia, en por qué estoy, en por qué las personas que me rodean solo viven por los goces materiales, compitiendo, comparando, mostrando, y perduran en su egocentrismo, la abundancia. El poder afirma su autoestima. Nadie profundiza en el Yo. "Yo sentido de vivir", "Yo existencia", "Yo entera en cuerpo y alma", como ejemplo: este es mi dedo, mi dedo no es una cosa "soy yo".

Porque no embellecemos el alma como lo hacemos con el cuerpo. Hay quienes viven por la estética, por los placeres vanos, siempre en venta y siguen con satisfacciones para mantener el cuerpo, hasta matan (no solo con un arma se mata) la indiferencia, la soberbia, vivir para uno y para los que consideramos nuestros.

Egoístamente pensamos en el dolor cuando nos afecta, teniendo siempre la prioridad y el dolor de otro es del otro. Escuchamos, observamos, o nos sentimos parte. Mañana olvidamos y abandonamos.

¡Cuánto necesitamos aprender! ¿Saber qué somos?

¿Por qué y para qué? Saber cuánto nos beneficia el dar, el brindarnos, el ayudar. Si en cualquier momento nos vamos y por los que quedan no hicimos nada; solo dejamos lo material, eso se acaba y no perdura.

Con esta filosofía ayudé a perdonarme, aunque me sigan afectando y me doblega la rutina de la vida.

La soberbia, la arrogancia y la envidia, las miro desde la vereda de enfrente. Me hacen daño son energía negativa. A veces me roza, me lastima, hasta me humilla.

Sigo en esta vida aprendiendo cada día, convivo con los seres que amo, todos se asemejan y todos son distintos, pero hay un ser que se hace cada día más daño. Yo creo poder ayudarlo pero no es mi karma, su vicio lo atrapa o él prefiere dejarse atrapar, hasta cuando él lo decida. Su dolor, el partir de nuestro bebe, lo cegó o prefirió destruirse y negarse lo que es "elegir vivir". Elegir la vida es una comprensión mía, filosófica, ¡Creo en ello!

Ya hace un tiempo que empezaron a cambiar las cosas. Mí depresión no fue

obstáculo, es más, me resulta mediocre. Aprendí a vivir y le agradezco lo que se me ha brindado, la oportunidad por medio de este cuerpo y alma, que vibra en energía positiva en elevación y entendimiento.

CAPÍTULO VII

Seguí siendo sostén de familia vendiendo seguros de vida, haciendo comprender al futuro adquiriente, la importancia de la necesidad de tenerlo.

Pero en ese entonces yo seguía arrastrando mi duelo, hasta que un día agotada por mi estrés durante todo un año, el cuerpo no respondía, los años me golpearon y la empresa decidió echarme.

Con cuarenta y ocho años en el año dos mil, las puertas de los trabajos para mí se cerraban. Mucho no había en nuestro país, la crisis estaba tocando su punto máximo y yo estando inhibida como profesional tampoco podía ejercer.

Empecé a vender juguetes; fabricaba hueveras de tela, perchas infantiles. Fabricaba y vendía huevos de pascua en los colegios y al escuchar comentarios por invitación de mi cuñada, decidí conocer "el trueque".

Mi gran sorpresa fue encontrar personas conocidas. Lo llegué a ver como una feria y empecé a investigar sin preguntar nada. Observé lo que no traían, y decidí visitarlo nuevamente creyendo estar en el mercado formal.

En el próximo encuentro, entré, puse en una mesa mi mantel y los matambres hechos por mí, en verdad no vendí nada solo lo "despaché". El precio que puse por los ocho matambres era igual que en el mercado formal y recibí a cambio un montón de papelitos, contenta salí a comprar y los valores eran otros, conseguí tomate, lechuga y un poco de pan.

Decidí no ir más, mi opinión fue: "estafa". Averigüé y entendí que antes de haber ido y vendido necesitaba una charla, porque es un sistema que se maneja con reglas.

La charla servía en lo social, sabiendo que algunas cosas que se traen al principio son generadas en dinero y algunas siempre necesitan ser traídas del mercado formal.

Me resultó tan interesante como importante ya que el poco dinero que se generaba en casa no alcanzaba para cumplir todas las necesidades. Solo a los servicios de luz, gas, agua e impuestos el trueque no los satisfacía.

Vimos soluciones rápidas en esas reuniones sociales llamadas nodos. Hablo en plural porque quien me acompañaba y no dejaba de hacerlo siempre fue Daiana. Era mi aliada y compañera en los días de fríos, de lluvias hasta en el barro patinamos. Siempre se preocupó por estar a mi lado y ayudarme. Su presencia es y será mi compañía.

Me alegro al acordarme de su cumpleaños de quince. Lo festejamos con el trabajo que generamos en el trueque. Tuvo una hermosa fiesta con un espectacular vestido, trocado a la modista más fina de ese nodo.

El día que la productora llamada Lucía me troco el alquiler de manteles, con unas hermosas servilletas pintadas con la inicial de la "D". Al lado de nuestra mesa, la señora del carpintero comentó que era maestra pastelera. Se dedicaba al diseño del decorado de tortas para grandes eventos, al enterarse del pronto cumpleaños de Daiana se ofreció hacer. Esa bellísima torta.

Mientras María me preguntaba que producía. Entre

mis alfajores de maicena, milanesas de soja, hermosos zapatos de una fábrica de un vecino que me eligió para trocar, y los helados "cabo frio" que también llegue a conseguir. Nuestra mesa llegó a ser la más visitada del nodo, por un continuo ir y venir de gente. Generando créditos para cumplir el sueño del cumpleaños de Daiana.

Se iban sumando, las cosas y cumpliendo necesidades, el servicio de mozos, la vajilla, El Disc Jockey, el salón ofreció María, el coche, y la bebida. Lo único que nos falló fue el fotógrafo y la filmación.

La emoción fue impactante: todos en ese gran nodo aplaudían.

Todos los truequeros estaban expectantes ante lo que iba sucediendo. No lo niego, también quebré en llanto, era una hermosa emoción, por la situación que vivía, sin trabajo y sin dinero lograba cumplir un sueño.

Se logró un trueque directo, ofreciendo por algunas de mis cosas un moño rosa para el coche, cotillón y globos para la fiesta.

Todos ayudaban para el cumple de Daiana, ese mismo sábado el nodo se encargó que todo se cumpliera. Fue una fiesta inolvidable.

Otra historia fue la de Mabel, quién al llegar al nodo desempleada sin trabajo, con cinco hijos y separada. Obligada a empezar de nuevo. Implantó en el trueque el servicio de turismo, ofreciéndose de moza para eventos, como también promocionaba el lunch que ella misma hacía. En muy poco tiempo, atrás de la casa de su mamá se construyó su hogar y todos los materiales y mano de obra que necesitó los obtuvo con el trabajo que le generó en el trueque. Hoy es una agradecida y eternamente prosumidora del trueque.

Por eso no existe el olvido, porque existió entusiasmo y gozo al ganarnos la vida en el trueque.

Mientras nuestro país pasaba de mano en mano como una papa caliente entre los políticos y el pueblo aprendiendo a subsistir.

Por el año dos mil dos eran ferias masivas imposibles de controlar, esto seguía creciendo desmedidamente, y no todos tenemos el mismo concepto de solidaridad implantado en el corazón. Se mezcló la oferta y la demanda.

Así fue después de tanta lucha y cuidar nuestro trabajo, las buenas costumbres, la gente linda y buena, se terminó "castigando al que produce y premiando al mezquino".

Esto generó la acumulación en créditos, la especulación y la anti sociabilidad.

Todo terminó en un caos, la difamación pegaba fuerte, los medios de comunicación fueron mercenarios, ¡En ellos era entendible! "Si ninguno de ellos había compartido nuestras mesas en esos sábados alegres de amigos, vecinos". Una familia de barrio como cuando yo era chica.

Alguien vino, entró por curioso y a todos los truequeros nos hizo mucho daño y más aún con la gran falsificación de miles de millones de créditos acompañados con el firme deseo intelectual que el trueque muera.

Para ese entonces si el club del trueque no hubiese existido, la crisis que vivió nuestro país hubiese sido mucho más grave. Sumidos en la miseria y la desesperación. Muchos estarán deseosos de volver al trueque ¡Yo también!

Y llegó el día menos esperado. El día que tras una discusión amorosa de adolecente impulsiva y apresurada, de mi reina Johanna, logró quebrar su historia, como si fuese el fin del mundo.

Al tomar distancia de su primer amor, su llanto me quebraba, su tristeza y sus porque seguían socavando mi ánimo. Su pequeño mundo de princesa salvadora se había derrumbado como barajas cayendo en su derrota.

Navegué en los recuerdos de mis remotos años y comprendí su desolación, su situación confusa. Porque todo lo que le rodeaba, nada tenía importancia. Mi compresión fue más allá del recuerdo, volví me exigí vivirlo en carne propia, remonté mis vivencias con Alberto y me entregue a mis impulsos.

Compartí con ella el lugar que hoy tenia. Su arrebatamiento de no poder ver el vaso lleno y que el dolor era tan fuerte como ese amor que decidió cegar su alma y mirar la nada.

Mi hija me necesitó como amiga, como mujer, como un ser presenté para ocupar vacíos. Así fue, pensé de qué manera distraer su posesivo dolor. Decidí anotarnos en el programa televisivo de Julián Weich.

Durante el programa existía el entretenimiento de los participantes en distintos juegos. Dando como resultado en cada juego un ganador. Johanna logro ganar un juego, llego a la final.

Se Debía competir con los ganadores en el último juego. Llamado: "Llueve, no llueve". Lamentablemente, perdió. Pero igual se llevó un premio: Un hermoso lavarropas.

Eso fue causa y motivo de entusiasmo para participar, en otros programas televisivos. Johanna dispuesta y contenta en cada programa.

Nos preparamos todos, mis tres hijos más dos sobrinos Santiago y Lucia y yo. Fuimos al programa de la familia. Tras una pregunta, fácil de contestar para ganar. Me bloqueé, no supo que decir. Perdimos.

Me querían matar y tenían sus razones. Mis hijos adolescentes impulsivos y soberbios, querían ganar, yo también, pero más quería que ganen ellos en la vida.

Para ese tiempo Johanna volvió con su antiguo y doloroso amor, que en la actualidad es su pareja y padre de sus hijas.

No fue la única parte en la adolescencia que me hice presente. No fue tarea fácil ser padre y enfrentar en épocas distintas la dolosa experiencia de adolecer. Ese sinónimo que es dolor, de incomprensión. De hermosos y arrebatados impulsos, en donde nos creemos dueños de la verdad. Siendo la justicia un mundo ingrato, imperialista, injusto, que está en contra de la misma justicia.

Me gusta la adolescencia. Dentro de mi corazón quedó dormida (paz y amor).

Así en su mundo volví a adolecer junto a las distintas demandas a su debido tiempo con Pato y Daiana. Con Pato todo fue distinto, hablamos mucho, una maduración propia con un objetivo claro, formar una familia. A la meta llegó, como si ese propósito fuera su misión. Su lógica enseño a mi camino la claridad que yo no podía ver.

Con Daiana, inseparable compañera en su adolescencia, la sentí como mi alma gemela. No es porque dependía de mí, tampoco que yo dependía de ella, pero como amalgama en pensamientos y sentimientos nos cuidamos para ser felices.

Tuvo su desilusión amorosa. Yo creo haber hecho lo correcto, ayudar a correr una mentira, y mirar su realidad. Hoy si su mundo no es perfecto, falta poco.

Seguí por la vida dando tumbos sin caída. Sydney empezó a trabajar de remisero y yo ganándome la vida como podía. Fabricaba y vendía juguetes y también ganaba algo con lo del trueque.

Mientras tanto seguía metida en la burda tarea hogareña, de todo eso que no se nota que se hace, porque es impuesto como obligación de sierva mal paga. Rutina agobiante de ser ama de casa, si se separan los roles ¿Cuantos sueldos cobraría? ¡Cómo se valoraría el buen trabajo por ser pago!

Pero no estoy totalmente desconforme, porque se me paga con besos, abrazos y el "te quiero" de todos los días. Y sigo cuidando a este nidito que fue construido con tanto amor para estos polluelos.

Pero la realidad es rutina de varios roles, ¡Pero no es mi queja! simplemente una reflexión que se ignora.

Me levanté una mañana a cumplir con mis tareas. Mamá y Guillermo compartían nuestro hogar, porque en la casa de adelante donde ellos vivían se estaba arreglando una filtración del techo.

Tuve la sorpresa de sentir la violación del ultraje. Palanquearon las rejas de la casa de adelante. Habían entrado y revolvieron absolutamente todo, llevándose lo que quisieron. ¡Qué sensación de asco! La impotencia y otras sensaciones que no se pueden explicar las sentí. Sabía de algunos casos similares a los nuestros. Me enteré de algunos más. Con algunos vecinos manifestamos nuestro descontento con reuniones y apoyo vecinal comprobando que la justicia no es justa.

Sigue la rutina y como es costumbre se unió un condimento más a nuestro entorno "la inseguridad".

Aunque no lo parezca en nuestro hogar todavía existe el buen humor, porque se premia de mi carácter que nunca dejó de ser alegre, de la música que siempre en casa se escucha, de los amigos jóvenes de mis hijos, de familiares que comparten nuestros agasajos y amigos que nos visitan de vez en cuando.

Al hablar de visitas, que ya estamos acostumbrados a tenerla. Hubo una visita fantasmal, una presencia que, si bien no era molesta, abría la puerta de la cocina y la del baño y nos incomodaba. Sydney le puso de nombre ¡Juancito!

El acostumbraba a burlarse por ser incrédulo a pesar de experiencias relatadas por él. Un día nos contó: que al poco tiempo de partir mi amiga Isabel, Sydney se encontraba sentado en la cocina vio como la imagen de una mujer con similares características a ella pero más delgada y más joven, venía hacia él. No le dio miedo solo sorpresa.

A mí como experiencia de tantas que tuve, surge una que no fue de mi agrado: dormitando en la habitación de mi hija escuché clarito una voz gruesa de hombre que dijo… "te quiero mía"… Pedí por su elevación, su estado de conciencia y su retiro, nunca más sucedió algo parecido.

Las presencias están en todos lados, algunos la perciben, otros se confunden con la casualidad. Hay buenas y malas, solo hay que ayudarlas no importa de qué manera, pero ayudarlas a tomar conciencia de su estado y ver la luz para poder elevarse según mi creencia.

Una llamada telefónica me dejó sin palabras. El llanto de mi sobrina Viviana volvió a tocar el dolor, su hermana Fabiana tras un accidente de tren que le produjo la muerte. ¡Pensar que en el velorio de mi hermano Quique le prometí que yo cuidaría a sus hijas! Su respuesta fue que él estaría junto a mi pequeño hijo Eric. Ese día estuve en comunicación telepática con él.

Sentí la culpa por la palabra prometida no cumplida, pero no sé quién, si mi ángel o mi hermano o un ser más elevado acaricio mi alma y me dio paz al comprender que era su hora de partir. Y debía madurar en mi entender porque no puedo detener la vida, cuando la muerte decidió llevarla.

Ella es quién decide. Brinda placeres y cuando quiere la quita porque todos somos hijos de la vida. Los humanos nos aferramos a la vida complicándonos con el *"porque tuvo que pasar"*, o buscamos culpables para justificar, y usamos la palabra *destino* porque otra no conocemos y escapamos a razonar.

Nos seguía la racha de perder. Ahora le tocaba a la casa. Mi casa estaba hipotecada por el mal negocio hecho en Córdoba.

Siendo una subdivisión al frente del terreno donde vivo, fue y será siempre mi casa, la diferencia está en que la ocupa otro. Fue el regalo de mi abuela, que la familia dominguera tanto peleo.

Traté de negociar con el abogado, puse en venta las dos propiedades, pero las deudas nos ahogaban. La inhibición general de bienes se levantaba solo con dinero. Y seguí viviendo de una manera angustiosa y desesperante.

Mi hermana adoptiva Alejandra. Una de las personas dentro de mi historia a quién quise mucho y no veo hace tiempo. Me duele saber que eligió un camino equivocado. Tampoco puedo entender porque abandono a sus hijos, como pudo ser tan fría.

Ella fue siempre una buena madre mientras vivía con su marido. Se separó, se fue con otro hombre y se llevó los chicos ¿Qué pasó realmente? ¡Los descuidó mientras los tuvo!

Llegaron a mi casa en busca de protección cinco de esos seis chicos. Estos estaban desnutridos, con sarna. Dolidos por la vida que le habían brindado, buscaron mi protección. Estuvieron unos meses, hasta que el padre se hizo cargo consiguiendo la patria potestad. Hoy analizo: ¡Yo, madre carnal tengo la mitad de mi alma ajada y se me envejecieron las entrañas cuando mi hijo partió! ¿Cómo pudo Alejandra hacer una vida paralela con sus hijos en esta tierra y no preocuparse por verlos? ¡Mi razón no entiende! ¿Qué pasó? ¿Dónde estás?, ¿Cómo cambió tanto? Mi preocupación se agigantó. Todo esto me llevó hacer una denuncia por desaparición de persona. Yo tengo diferente apellido porque ella fue reconocida por Guillermo, el esposo de mi mamá, y no fue reconocida por mi mamá por no estar legalmente casada con Guillermo.

No podía demostrar que era mi hermana adoptada. En la "Comisaría de la Mujer" me citaron y me respondieron que ella contesto que no quiere ver a ninguno de sus familiares, que está en contacto con su marido por teléfono. Cosa que me dolió, y aún me duele. En síntesis, la respuesta que me da la justicia: Que, al no tener ningún tipo de vínculo demostrado, no me pueden informar nada y solo se comunicarán con el marido.

¡Qué burra esta Justicia! El marido que no es marido por no estar casados, si lo fuera paso a ser una sociedad quebrada, tampoco es pariente, tiene distinto apellido y tiene el derecho de informarse... Y a mí que lucho por esos chicos, que quiero ayudarla como hermana y como humana, me destruyen el derecho.

"Si la justicia de los hombres fuera realmente justicia sería un mundo justo y respetuoso, abrazado a los sentimientos, con preguntas y respuestas para ayudar a los equivocados, y en este caso proteger a los niños. Porque necesitan de su madre y alguien que esté dispuesto a ayudarla. De esa manera se cumplirían sus derechos, cosa que hoy solo demuestra ser una palabra... ¡Hay que justa sería la justicia, si se pondrían en el lugar del otro! No tendría que estar del lado del Derecho hombre, abogados y Jueces, sino del derecho humano...sin mayúscula "necesidades y afectos".

Guillermo avergonzado de su hija creyó en lo que le decían y no hizo nada. Se equivocó y ahora está sufriendo. Yo no me voy a quedar quieta, quiero saber dónde está con Rodrigo, el mayor de los seis chicos. Sus hermanos lo extrañan, a su madre también la extrañan.

Ya hace tres años, me parece mucho tiempo, y se acrecientan mis dudas, sigo buscando y esperando.

Entre la situación de indecisión, deudas, chicos golpeados por la vida, vicio que me seguía dañando, incertidumbre de trabajo. Cuánta necesidad de volver a ser yo, ¡Y no podía! Muchas veces me sentí agobiada y totalmente acelerada, no pensaba porque tenía miedo de caer, nunca dejé de ser una depresiva eufórica, y seguí a mi manera.

Pensar que me valoran por ser emprendedora, por estar siempre dispuesta, por ser busca vida con un carácter estable. No puedo estar quieta ni siquiera cuando pienso, es un temperamento que a veces deseo cambiar, pero no puedo. ¿Será mi ángel el que me guía a vivir de esta manera? o ¿En mi interior hay un secreto que no quiere salir a la luz? ¡Como quisiera darle paz a mi alma y entendimiento a mi razón!

Empecé a trabajar con el esposo de mi prima Pichi, en una revista que el publicitaba. El tema era de tango, promocionaba la revista y cobraba.

Mi presencia en casa era reclamada por mis hijos, me necesitaban y mucho. Ellos sufrían, ellos callaban y estaban a mí lado siempre, y yo al lado de ellos con un beso, caricias y el "Te quiero". Eso sostuvo siempre a nuestra familia.

El premio mayor que tuve en la vida era, son y serán "Mis hijos". Tres personas que siento orgullo y admiración por sus logros. Son adolescentes, más sabiendo que adolecer es sinónimo de dolor y equivocación son ejemplos por su conducta. A mí bebe le sigo agradeciendo esos dos añitos y medio de felicidad que me entregó.

Veinticinco de agosto, fecha de mi cumpleaños. En nuestra casa siempre se festejan pero ese día yo cumplía medio siglo. Una gran sorpresa me esperaba, mis primos, sobrinas, cuñadas, suegra, amigos, hijos y esposo me agasajaron con un hermoso cumpleaños. Siendo un día de invierno, era un día primaveral. Un rico asado, un hermoso momento todo felices por mis cincuenta ¡Cuántos regalos! Esta hermosa sorpresa me la preparó mi hija Johanna junto a mi marido Sydney. ¡Fui muy feliz!

Ya habían pasado algunos años, mi conciencia era distinta, las culpas ya no me acompañaban. Con ganas de volver a mi profesión, pero me trababa la inhibición general de bienes. Ese año me alegré al saber de la modificación de la ley. Solo no pueden ejercer los que estén inhibidos por causa de la profesión. Mi profesionalismo fue siempre conducta intachable, era hora de ponerme las pilas y empezar, pero antes debía terminar con algunas de mis deudas. Éstas se fueron incrementando, todo salía al revés de lo que yo deseaba. Seguí, todo me costaba todo era un ¡No! Hasta sentí que quién me podía dar una mano "me usó". Seguí, le puse cara a la vida y seguí sola muy sola seguí, lloré por muchos rincones. Pero al ver y conversar con mis hijos, todo absolutamente todo se borraba.

Me propuse estudiar un curso de mandatario del automotor gestoría, me recibí, intenté ejercer, y proyecté junto con una compañera del curso abrir una oficina en un local que ella tenía en Saavedra. Pero el solo hecho de movilizarme me implicaba un gasto que no podía solventar. Mis hijos estudiaban, trabajaban y ese dinero les alcanzaba para pagar sus estudios y sus gastos. Mi marido taxista. Nos negaba todo, usando el carácter de patriarca, empleaba su egoísmo, el dinero que ganaba solo lo manejaba él. Aportando lo justo e indispensable para la comida y los servicios.

El lugar de trabajo de gestoría era bastante lejos, aproximadamente dos horas de viaje. Las ganas se vencieron y diría o afirmaría la depresión me ganó, también Sydney con sus injustificados celos.

Como siempre, sin pastillas y sin terapia, le pegué a la depresión. Tenía que volverme a encontrar, tenía que volver a empezar. Tras un año de lucha, de peleas, de palabras hirientes, de ese alcohol repulsivo que lo convertía en un ser agresivo, osco y temible, decidí separarme. Es verdad que le tuve miedo a pesar que nunca dejé de hacerle frente.

Tras su decisión de no querer irse de casa, quien decidió hacerlo fui yo. Él ya sabía que había llegado mi punto máximo de tolerancia.

El alcohol es un vicio que maneja situaciones, vicio que al cuerpo doblega hasta destruirlo, vicio que debe ser vencido por los que dicen no puedo, vicio es condena.

La contención es imprescindible, los grupos de autoayuda son necesarios, pero aún más necesarios somos nosotros mismos. El humano debe creer en sí mismo, entregar amor, y enseñar a darlo. Todos los días recibiendo y dando se vencerá al alcohol. Aunque todos tenemos nuestros límites y hay que ser muy fuerte para vencerlo. Yo busqué serlo, al acordarme de mi abuelo, rechace el alcohol, soy abstemia porque tuve y decidí tener límites.

Durante este tiempo la madre de Sydney, estaba en un geriátrico, no se sabía qué enfermedad tenía, a él le hacía daño al verla. Ella estaba como ausente o como ida. Sus hermanos, que eran seis, estaban peleados. Eso también fue motivo de la tristeza de mi marido, que tomándolo como excusa lo empujaba a la bebida.

Su madre Peggy siguió un tiempo más y partió. Dejé pasar unos días, por la decisión que había tomado: Irme de casa.

Un día me visitó una amiga, invitándome a un lugar para elevación de autoestima. Contenta, me contaba que con ella había hecho maravillas, con solo tres días de muchos ejercicios terapéuticos.

Al llegar mi marido de su trabajo se enteró del tema. Él decidió ir a esas clases de apoyo. Mi amiga Alejandra junto a su marido lo alentaron, lo acompañaron los tres días al instituto y lo iban a buscar cuando terminaban las sesiones. Pero el último día, era la familia quién debía estar. Mis hijos amaban a su padre, estaban deseosos por la paz y unión ¡Yo también! Y estuvimos los cuatro junto a él.

Fue todo tan emocionante, la forma, la música, el entorno, sus lágrimas y la manera de pedir perdón, que me olvidé lo que viví ayer y pensé en otro mañana, y otra vez más "volver a empezar". Hubo un cambio favorable ¡Esperamos que perdure! A nuestra amiga nunca voy a dejar de agradecerle ¡Vino justo, en el momento justo! ¡Gracias!

Hoy vivir en paz, es hacer un trabajo que a él, le

permita controlarme. Que no se cruce ningún hombre que yo pueda mirar y que ese hombre no descubra la maravillosa mujer que hay en mí según él. Tiene mucho miedo a perderme. Su gran problema es su eterna inseguridad, y no sentirse capaz de ser querido por lo que es. Él piensa que los demás son más que él. ¡Que tortuosa desesperación! "es destruirse", sin darse la posibilidad de entender que todos los seres somos entes con cualidades, defectos y virtudes.

De los defectos a veces hay que saber reírse y otras tratar de enfrentar o cambiar. El decir "No puedo" es anularse y convertirlo en "Miedo". Principal traicionero que ciega y frena la voluntad.

Después de un tiempo él me pidió que lo ayudase a hacer una carta para sus hermanos porque quería, el próximo año en su fecha de cumpleaños cumpliendo, los cincuenta, tenerlos a todos reunidos. La carta se hizo, él tardó en entregarla. En el día de su cumpleaños cuarenta y nueve falleció una de sus hermanas, eso lo golpeó y le hizo ver todo diferente. La hermana fallecida también era alcohólica.

Se entregaron las otras cartas y recuperó sus hermanos y sobrinos. Hoy está feliz, hay un cambio. A sus hijos y a mí nos hizo bien verlo así.

¡Qué importante es la familia! Siendo el principal pilar de la vida, no solo lo construido con amor, sino también el comienzo de nuestras raíces, donde mamamos la vida. También hice el curso de "Peluquería Canina", me encantan los animales y más los perros.

Mientras las cosas iban cambiando favorablemente en nuestro hogar, poco a poco se agrandaba la familia.

Encontré una perrita lastimada y se le puso de nombre "Sol", y al mes vino otra de la calle en un bolsón, negra azabache y se la llamó "Shaya". Pero no hay dos sin tres y así fue que llegó otra de raza beagle a quién se la llamo "Cielo".

Nuestra casa parece un circo. Sol caza mosca, Shaya la rara: habla, y Cielo se para en dos patitas para pedir comida, roba y sale corriendo. Aparte todas dan la patita y hacen otras piruetas. Somos felices, son nuestras niñas, hasta Sydney está feliz con ellas.

Mientras hacía el curso llegaban a casa notificaciones, cedulas, referente a fecha y hora en que se iba a efectuar el remate. Traté de frenarlo, tenía la posibilidad que mi tía comprara la parte, y traté de negociar.

El acreedor decidió no esperar, estaba cansado, tenía razón, él no sabía de mi presión, mi situación. ¡Yo a él lo comprendí!, ¡No importa si él no a mí!

Al final él compenso y se quedó con el bien. Cuando se efectuó el remate ¡Cuánta hiel pasó por mi garganta! Cuánto llanto acumulé en mis ojos y no pestañeé por ello. Esa propiedad me la había donado mi abuela y me dolía, daba bronca, sentí que era una violación de mi derecho, pero tenía que ser fuerte, otra no quedaba.

Los afectos, la familia es el único y verdadero sostén de vida, todo lo material que se pierde, va y viene. Ya hacía un tiempo que había aprendido a conocer los verdaderos y únicos valores de la vida, pero en ese momento la flaqueza se apoderó de mí.

Días antes de la notificación había inaugurado la peluquería canina en el garaje de la casa que se remató; otro fracaso más. Es mi karma y no reniego de ello, todavía tengo que aprender.

En el garaje promocioné la peluquería. Algún que otro perro venia por su estética canina, y seguí trabajando hasta que me exigieran entregar la propiedad.

Contenta me enteré que prescribió la inhibición general de bienes que tenía por el coche que volcó en Córdoba. Me duró poco, volvieron a inhibirme por el lado del remate, aparte de perder la vivienda. Sigo gastando lo que no tengo, al que pierde una vez, pierde mil veces porque se prenden los abogados como buitres y se comen hasta los ojos. ¡Esto lo llaman justicia!, si estás hundido te hunden un poco más ¡Qué más da!

Saco una conclusión: "Hay gente que en la vida no le pasa nada y se lamenta por todo. Hay otras que le pasan algunas cosas y se deprimen por algo, y hay otras como a mí que le pasan todas como estas que conté y las otras anteriores y siempre se busca "volver a empezar". ¡Porque siempre habrá un mañana que va a dejarse ver por mí!

CAPITULO VIII

A pesar que ese año dos mil seis, como otros anteriores pegó y fuerte. Compartí momentos brillantes con mis hijos: Johanna se recibió de visitadora médica y tiene muchas ganas de ejercer. Ella trabaja y se pagó toda su carrera; a Pato, le quedan unos pocos finales para tener el título de Martillero y Corredor inmobiliario. Se costeó su carrera trabajando y Daiana mi futura modelo, empieza este año Analista de Sistema, trabaja en promociones. Ah, mis hijos no me va alcanzar la vida agradeciéndoles por haberme elegido como su mamá. "Según mi creencia son los hijos quienes eligen el lugar, la familia idónea, para re-encarnar, y cumplir su deber". ¡Esa oportunidad que me han brindado es mi dicha infinita!

No terminó el año, que decidió hablar mi cuerpo, me revisan varios médicos deciden operarme de mis mamas.

Después de la operación y a la espera del resultado de la biopsia, se me complicó con una infección. Medicándome por un mes con antibióticos se pudo lograr y controlar la infección. La preocupación por el resultado de la biopsia nos inquietaba a todos.

Me dieron el resultado, estaba encapsulado, no necesité rayos, solo un control cada tres meses. Me asusté, me dolía bastante, y me quedé tranquila al saber que ese dolor se debía a la cicatrización.

Dicen que estas cosas ocurren cuando uno tiene disgusto grande, ¡Lo tomo a risa! ¿Cuándo yo tuve un disgusto chico? Siendo esta una de mis conclusiones karmáticas: recibí lo negativo, odio, ira y desde la misma manera volvió a mí afectándome la salud. Tendré que buscar el equilibrio en acción positiva, pero sino reparo en lo espiritual volveré a enfermar el cuerpo.

Otra vez la depresión, me insulté y me levanté, y por eso decidí hacer otra cosa. Ocupar mi tiempo en algo distinto.

Entonces me acordé que en un cajón había unos cuantos poemas escritos en mi juventud y una historia de vida que escribí cuando vendía seguros de vida.

Así empecé, seguí escribiendo la historia de mi vida y corrigiendo poesías. En la actualidad me encanta escribir poemas. Estoy armando una novela y decidí escribir esta segunda parte de mi historia. Llegué a saber que al escribir descubro mi mejor terapia, mi descarga a tierra. Con cada nueva poesía me acaricio el alma. Gritando verdades, buscando filosofar la vida. Armando un cuento sin decidir leerlo y sin querer hacerlo escribir algún poema. Este es el entorno que me identifica.

Agradecida estoy de hallar el relax de la vida, en una mesa pequeña de ocho caras y sentir la contención que me dan las letras. Estoy haciendo algo muy importante para mi espíritu, para mis silencios, para mí: "Yo sentido de vivir", "Yo existencia", "Yo entera en cuerpo y alma" "Yo... Soy yo".

Mi sobrina Mónica suele visitarme con su pequeño hijo llamado Uriel. En este momento tiene dos años y medio y me dice "Abuela". ¡Yo soy su tía abuela!, ¡Tengo un metejón con éste nieto! Me compra, me deja y me vuelve a comprar. Es muy despierto, el varón que soñó tener mi hermano, su sueño se cumplió en su hija.

Mis hijos me dicen que voy a ser una abuela cargosa. ¡Y claro que sí! los niños me dan un gozo inexplicable.

Siguen los días apurando la vida, y la analizo con su filosofía. Veo las cosas tan diferentes, disfruto de otra manera; callo y no me arrebato. Escucho los silencios y de ellos aprendo, a pesar que nada frena mi ansiedad de hacer las cosas "YA".

Pero mi seguridad, esta contención propia que empuja, fue la causa constructiva de mi buen carácter. Alegre, decidido, chispeante y aventurero. Gustando de los impulsivos viajes a la costa o alguna que otra provincia. Le encuentro el toque mágico de la picardía, no importa si voy en carpa o a un hotel cinco estrellas, da todo lo mismo "todo me alegra". Lo estructurado, lo formal, lo estático, lo proyectado, lo pensado me resulta obligado y aburrido.

Me molestan las críticas a pesar que algunas son necesarias, ¿Será para convencerme que no estoy equivocada? Es muy difícil que algo no me guste, en la generalidad me gusta todo, salvo lo morboso, peligroso, o destructivo. En especial lo que detesto es la "Mentira". Sé que ella es quién me marcó. Es muy importante para mí que no me haga compañía, la detesto.

Sigo con mis años esperando el encuentro del próximo y deseo que se cumplan mis asignaturas pendientes, entre ellas para mí el "yoga", para los demás es encontrarme con todos los seres que tengan por misión hacer el bien.

Ayudar al que necesita con ideas nuevas y renovadoras. Extender mis manos elevando autoestimas, potenciando carencias afectivas. Educando las necesidades espirituales, con la recreación, el compartir y competencia sana. Beneficiando con trabajo a la salud y principios morales.

No se puede entender que exista un cerco que no se pueda saltar. Si hay tanta gente como yo que tiene ganas de hacer algo, no pensando solo en un puesto, o una relación, o un beneficio.

Necesito brindarme, dialogar con los que quieren hablar mí mismo idioma, ayudarnos entre todos. Ayudarnos ayudar.

A pesar de mi posición filosófica y mi necesidad de cumplir asignaturas pendientes o evocarme totalmente a ayudar, empieza a haber una variante en mi hogar; si bien el alcohol esta medianamente instalado como fin de semana, y el maltrato se va marcando con indiferencia o a veces efusivamente en ataques de celos injustificados, inventados. Yo diría, que el que actúa mal, piensa: ¿Si yo lo hago porque el otro no lo va hacer?

El alcohol pegaba fuerte, ya era un integrante más, ya no venía solo los fines de semana, y el dinero que se dejaba en casa era limitado para la compra diaria y algún servicio que vencía.

Muy bien cumplido el papel del derecho patriarcal. Mi trabajo tipo changa, desde la revista hasta la fabricación de un alfajor, alcanzaba para mis necesidades, mi ropa y algún gusto que me daba. La que él generaba en su trabajo de taxista era exclusivamente para lo que él decidía, juego, bebida, y algún gusto que le venía en ganas. Así era lo tuyo y lo mío.

He sentido pena por él, bronca hasta creo llamarlo odio. A pesar que no sé odiar, y tengo facilidad de olvido, a veces pienso que me asemejo a los perros, se les reta o se les pega, al rato se lo llama y vuelve a uno, contento y sin reproches, olvidándose lo que pasó.

Recuerdo que alguien me dijo en Córdoba con mucha bronca: "¿A vos todo te resbala?" No le conteste… ahora le contesto acá. Sabes que sí…después de lo de mi hijo… Todo me resbala.

Nombrando justo Córdoba, una provincia amada, donde está la historia de mi niñez. Donde decidimos volver a empezar, donde mi felicidad dependía de un negocio, donde creí crecer, donde hipoteque la casa que me regalo mi abuela, donde las ilusiones se calcinaron al fundirnos económicamente.

Donde tras el accidente automovilístico nos quebramos en forma psíquica y moral. El vehículo quedó tirado y olvidado en Córdoba.

Recibí otro golpe que alimento a mí conocimiento. Después de tanto tiempo vine a enterarme, que estando a la distancia mi marido, él disfrutaba abiertamente en ese pueblo de Córdoba. Nunca me dijeron el detalle del cómo y con quienes. Fueron ironías telefónicas de madres que clamaban por el sueldo de sus hijas.

Me avergoncé y hasta me trataron de estúpida. Lo entendí, siempre fui una estúpida. Un poco tarde llegó el informe real del cómo y con quienes, quien lo relato fue mi primo Rubén.

Pero nunca es tarde, porque supe que ya no podía callar y tapar el maltrato inducido por ese alcohol maldito que hacia decir y hacer barbaridades. Para ese entonces quien vivía con nosotros solo era Daiana. Ya en mi subconsciente, era más complejo, más hegeliano; el amo y el esclavo. El deseo de someter al otro, eso ya no lo toleraba. Averigüe que ya podía ejercer mi profesión por una reforma en la ley. ¡Y decidí! Ya no era una traba estar inhibida. La ley es muy dura para los quebrados. Es como alimentar caranchos, más hundido estás, peor te va. No hay solución, no hay créditos, se cierran todas las puertas.

Daiana nos ayudó. Tras el cobro de un seguro por un lamentable accidente, ella había decidido arreglar por unos pesos y alcanzó para abonar la matrícula. Así abrimos la inmobiliaria. Mi socio e hijo Pato y Yo organizamos nuestro emprendimiento. Johanna nos regaló los escritorios, todo lo demás era recauchutado. Ese mismo año Pato se recibió de Martillero y Corredor inmobiliario.

Y tome la decisión poniendo fin y dar principio a mi vida. Tras una vida insostenible, por años de maltrato, lengua guadañosa, ocultos moretones, autoestima destruida, traición y mentiras. Dije: ¡Te vas!

-        ¡De acá no me saca nadie!

-        ¡Me voy yo! ¡Merecía ser Libre!

Tomé la decisión. Mi mamá con Guillermo quedó atrás. Habíamos construido con mucho sacrificio un quincho. Recuerdo hacer de albañil junto a Daiana y Pato poniendo cerámica en el piso.

Yo ya no podía seguir ocultando, Daiana vivía pendiente cuando descubría su estado de ebriedad. Y vivía con miedo. Debido a ese motivo logro ser fóbica, no lo niego que en el último tiempo yo también encontré al miedo.

Sydney quedo con la casa dividida en dos, una parte para él y la otra parte vivía Pato junto a su pareja Mariel. Ellos nos hicieron muy felices, cumpliendo un hermoso sueño, nuestra primera nieta. Pilar.

Al lado de la inmobiliaria fuimos a vivir Daiana y yo. Mi incondicional aliada y compañera de vida donde compartió momentos amargos cuando la bebida hacía de ese ser, un padre destructivo y enfermo.

Nuestra nueva casa, donde fuimos a vivir, me hacía acordar a la casa dominguera, por su galería, sus pisos de pinotea, sus altos techos y su porte. Esa casa que nos mudamos y vivimos mi hija y yo, la volvería a elegir porque fuimos, muy felices. Me encontré, me perdoné, y juré nunca más destruirme.

El descansar, el hablar, el sol, todo era diferente. La familia venía a visitarnos y llegaron a entender el cambio, aunque fue difícil de comprender: dejar todo una casa grande y bonita, por una casa tan vieja.

La fecha en que entré a mi hogar fue el siete de noviembre. En diferentes estados él venía a buscarme, amenazando y prometiendo cambiar. Me acorde de mi papá, pero él no bebía. Se aproximaban las fiestas y los hijos sufrían, tuvimos que definir, decidir y no destruir más a esta familia.

Pasamos todos juntos esas fiestas y todas las venideras.

Hablamos mucho, uso la súplica del perdón y de volver con él. Su promesa de dejar la bebida, era un constante repetitivo molesto. Su cambio prometido quedó flotando, porque para mí, viniendo de él nada era creíble.

Pasaron años, existieron cambios, en mi fueron favorables. Crecimos como inmobiliaria, me compre un coche, también enferme con neumonía. Deje el cigarrillo.

Sydney buscando pareja, y seguía su vida con el juego y el alcohol.

Se decidió mostrar la casa para poder venderla. Esta estaba destruida, todo lo que él tocó destruyó con su energía negativa.

Después de haberme ido de mi casa junto a Daiana y mis perras, Guillermo enfermó y un día sentado en su cama el corazón dejo de funcionar. Estaba muy triste por mi decisión, pero él siempre me comprendió, fue mi maravilloso gran papá con mayúscula.

A pocos meses de su partida, con mi mamá habíamos resuelto que después de su cumpleaños, vendría a vivir conmigo. La fiesta se hizo en mi casa.

Un día me llaman del bingo. Mamá se había descompuso, la lleve a la clínica.

La respuesta que obtuvimos fue: ¡Es algo que comió! La llevé a mi hogar, durmiendo a mi lado, sentí su mano buscar la mía y paso la noche. Al otro día, mamá balbuceaba, pero no despertaba.

Un ACV y fue como ella dijo: "el día que entre a una clínica, no me dejes internada porque no salgo más". Como también solía decir del bingo: me sacaran con los pies para adelante rumbo al cementerio.

A los nueve meses de partir mi mamá nació mi segunda nieta Mia Ailín. Ya solo quedaba mi descendencia, porque de mi ascendencia partieron todos.

La familia empezó a crecer; Johanna embarazada, dio a luz a mi tercera nieta Renata y se asomó el varón; el tercer hijo de Pato Noah. Daiana decidió hacer su vida, independizarse alquilando un departamento en Capital.

Quede sola junto a mis perritas.... no me hizo daño, era entendible, Daiana necesitaba su independencia, su espacio.

Viviendo sola, atrás de la oficina tuve un susto. Tras unos visitantes que sigilosamente caminaban por mis techos, fueron vistos por un vecino y este llamo a la policía.

Al ver como bajaban de los techos esos hombres, me di cuenta de la inseguridad que tenía al vivir sola. Ese motivo dio a empujar mi decisión. La casa dominguera la transforme en dos PH.

Volví a mi casa para estar cerca de mi hijo Pato, en un departamento que construí al lado de mi ex pareja. Dividí la casa en dos cómodos PH.

La situación entre Sydney y yo era de amigos, muy bien llevados y respetados. Él siempre alimentando la esperanza que volviera a vivir con él. Ya habían pasado ocho años.

Él comprobó que para ser feliz, yo no necesite buscar o vivir en pareja. Con su muestra fue suficiente.

Quedó muy bonito mi departamento y resolví con condiciones habitarlo. Si no se respetaba ese acuerdo lo alquilaba.

Un día antes de mi mudanza, un diez de octubre, gente joven de una casa vecina, desde una terraza, empezaron a tirar botellas de cerveza y destrozaron mi hermoso jardín de invierno. Este estaba hecho todo en vidrio.

Me mude dos días más tarde, cada uno en su departamento compartiendo solo un mate o unos buenos días. Pato ampliando donde estuvo viviendo mi mamá.

Ese mismo mes de octubre, dos días antes del cumple de Daiana, fecha del cumpleaños de mi amiga Isabel, Sydney se descompensó Pato lo llevo al sanatorio. Lo Internaron en terapia tras una operación donde le colocan tres Stent, quedó muy delicado.

El medico aconsejó por el estado del paciente, la prohibición al trabajo de remis, al cigarrillo y al alcohol. Comida sana y vida tranquila. No sé porque, pero sentí que todas las miradas vinieron a mí.

Asistí con condiciones: al lado de mi departamento está el suyo, solo comerá en el mío, dormir e higienizarse, al suyo.

Pasó noviembre, diciembre, fuimos brillantes amigos, compañeros. Éramos los de antes, ya dormía y se bañaba en mi departamento, según él estábamos noviando.

Él era otra persona, y feliz: ¿Fue necesario que tuviera un ataque cardiaco y quedar delicado, para dejar ese puto alcohol y cigarrillo?

En la fiesta la pasamos hermoso, vino Papa Noel, todos felices, recibimos el año con alegría. Pero el día 2 de enero, escuché expectorar y vi sangre. Fue causa suficiente para visitar al médico.

Tras los estudios y la incertidumbre por una certera respuesta, hasta una doctora afirmaba ser tuberculosis; se realizaron más estudios, hasta llegar al llamado "PET": Tomografía de la medicina nuclear muy completa, su diagnóstico revelo: Cáncer de pulmón en el mediastino, al cual no se podía operar.

Se contactó a un especialista, donde también tras rigurosos estudios el diagnostico coincidía con el anterior.

Su hermana Lilian como siempre a su lado, compartió todo su proceso y llena de esperanzas lucho a su lado. El último consejo médico al cual respondimos fue hacerle rayos.

La segunda vez, tras su ingreso a la sala de rayos, él no salió caminando.

A Lilian y a mí nos tocó gestionar, avisar y seguir paradas. Daiana estaba en la Pampa con su novio. Hable con Leo su pareja y viajaron para Buenos Aires. Pato volvía ese mismo día de vacaciones de invierno, y Johanna a punto de dar a luz. El día 2 de agosto tenía fecha de cesárea.

Pato se dio cuenta al llegar a su casa y vernos a todos en la esquina donde hay una casa mortuoria. No se le aviso porque estaba en viaje de regreso desde Mendoza.

Lo despedimos un día antes del aniversario de cumpleaños de Eric y cuatro días antes del nacimiento de la pequeña Morella, nuestra nieta más chiquita.

Días antes del deceso de Sydney, hablamos del tema, me hizo promesas a cumplir del más allá. Su preparación fue cautelosa y hasta graciosa, me dijo: vas a cumplir todos los estados, menos el del divorcio que nunca lo quiso firmar.

Estaba preparado, era hora de estar con su hijo y pedirle perdón. Nosotros nos hicimos mucho daño, ambos nos echamos culpas, nos amamos y odiamos, no pudimos manejar situaciones, seguimos y subsistimos.

Yo elegí un camino y él eligió el contrario.

Hablamos de la muerte sin temores, nuestra preparación es distinta a los normales. Tantas veces me dijo perdón, y solo respondí: nadie tiene que pedir perdón, nos equivocamos los dos. ¡Nos dimos el último abrazo sellado en un beso!

Al año de su partida, resolvimos llevar sus cenizas al mar. La fecha era el día de su cumpleaños. Fuimos todos a la costa de San Bernardo; viajando un veintiséis de diciembre y el treinta y uno Sydney y el mar se abrazaron con motivo de su cumpleaños.

No puedo negarlo, he sentido su presencia, aunque ya no es tan habitué. He tenido señales como su celular. Al cual intenté sin saber su contraseña recuperar fotos y canciones, pero el intento fue en vano. Decidí guardarlo en un cajón. Después de tres años, logro prenderse solo, con la voz de mi nieta cantando la ucalala (cucaracha). Él nunca se cansó de escucharla.

Ambos al hablar de la muerte, nos prometimos responder desde el más allá.

Si el partía primero y mi creencia budista era real, como también si al estar en otra dimensión podía cuidar a nuestro querido hijo Eric. Iba a escuchar el día del aniversario, cumpleaños o partidas, nuestra canción.

Al cumplir nuestro aniversario de casados un mensaje llegó al celular un video con la canción, melodía desencadenada y recordé su promesa.

Escuche su voz al despertarme, con el "Susy" como solía decirme. Yo le hable, le hablo y sé decirle que vea la luz y encuentre su paz, que este no es su espacio, y que ya cumplió su misión.

Sé y siento que él está bien, fue muy apegado a su familia y a cosas materiales, dentro de su apego estoy yo.

Hoy me evoco, en querer brindar calidad de vida a todos los animales encontrados, perdidos o en situación de riesgo.

Me involucro porque todo tiene que ver con todo, porque no hay futuro sino un continuo proceso de maduración y entendimiento, que indica la satisfacción en hacer el bien a estos seres indefensos.

Ellos luchan por la vida, por su suerte, sin quejarse. Ellos solo saben dar amor a cambio de un plato de comida, un trapo donde tirarse, y una mano que los acaricie de vez en cuando.

La forma que tengo de llevar adelante mi compromiso es a través de apoyar las campañas de concientización sobre los cuidados adecuados de los animales, castración, vacunación, adopción, recuperación física y psicológica a través del albergue, en tránsito, o en refugio, etc.

Apoyo todo lo que va de la mano con la educación porque nuestra sociedad está llena de analfabetos emocionales. Lamentablemente veo la realidad diariamente, por mi profesión, que hay personas que acuden por distintos motivos a abandonarlos a su suerte.

En respuesta a ello hay un número de personas que, por medio de un Whatsapp, las redes sociales, el boca en boca, o por el sentido del amor que nos unimos para ellos.

No tenemos refugio, solo la intención de hacer desde nuestro lugar la comunicación del amor. Somos un grupo de ocho personas a quienes aprecio y valoro por su compromiso hacia el bien de los animales. Nuestro grupo se llama "Amor x 4 patas". Estoy frente a una hoja en blanco. Estoy en mi presente, en mi esencia y en el fuerte sentimiento de ser abuela, de mirar mi propia continuidad por mi mejor obra "mis hijos".

Hay un nudo en mi garganta que se agiganta. Son sensaciones extrañas, como de temor y de protección por estas cinco estrellitas que iluminan el camino que me resta. Porque mi vida ya va en descuento.

Son cinco seres independientes que de distintas maneras me dan cariño, no puedo ni deseo idolatrar a ninguno, pero sé que los más chicos me pueden.

Alguno, o mejor dicho alguna, me demuestran que me quieren más de lo que yo imagino.

El solo pensar que por algún motivo sufran, me destroza. No deseo ser ese motivo, porque soy la abuela más vieja. La vida me demuestra que se acorta con los años.

Son mis cinco estrellas, mi existencia y mi continuidad de vida.

Muchas veces me dijeron que se quieren más que a los hijos, no deseo pensarlo, ni sostenerlo. Siempre lo dije y afirmé ¡Como amo a mis hijos no hay cabida para otros!

Cuando los miro, y disfruto siempre me roban sonrisas. Estas cinco lucecitas son quienes iluminan mi camino y abren paso en mi corazón, para que solo ellos tengan cabida.

Daiana hizo pareja con Leo y es muy feliz, Johanna junto a Alejandro disfrutando con sus niñas en su nueva casa y Pato como jefe de hogar con sus tres hijos y

Mariel. Son seres admirables. No necesito decirlo, ellos lo saben.

Ya han pasado tres años de su partida, no estoy sola, yo me acompaño en mis distintas facetas, tristes o alegre pero, mías.

Otro intruso hay en mi camino, en el camino del mundo, dando un cachetazo final a los más vulnerables.

Soy vulnerable con mi epoc, y mis años. Este fantasma diabólico que le pusieron corona, que día a día se roba vidas. Espero que no me rose, estoy guardada y necesito gritar que estoy viva, en: "LA VIDA QUE ME PARIÓ".

EPÍLOGO

1. *En lo humano, mental, psíquico, con un toque espiritual: no soy perfecta, soy humana. Tantas veces me equivoqué, pero de ellas aprendí. Y de algunas todavía me falta aprender. Pero esto lo aprendí bien:*

Que las historias se repiten.
> *Yo no repetí historia.*

Que los errores se copian.
> *De los errores he aprendido.*

Que los parecidos se asocian.
> *Algún Gen me da el parecido.*

Que los padres se imitan.
> *No imité los defectos de mis padres.*

De tal palo, tal astilla.
> *De tal palo me hice sándalo.*

Que lo de antes siempre fue mejor.
> *Hay cosas de antes mejor olvidar.*

- *Todo lo que se me negó, traté de entregárselo a mis hijos.*
- *De todo lo que mi hirió, a ellos los amparé.*
- *Siempre les hice saber ¡Cuánto los quiero!*
- *Les enseñé lo bueno, malo y lo feo. Los protegí de daños.*
- *Ellos no son míos, son hijos de la vida, yo soy solo una intermediación elegida.*

2. *En lo karmático, apertura de conciencia, y espiritual.*
Nuestra evolución: es dar, enseñar y amar sin razas, credo, diferencia social. Acción positiva: el amor cuando se da beneficia al espíritu. Acción negativa: Odio, ira, envidia volverá de la misma manera afectando a la salud. Al deteri-

orar la mente se enferma el espíritu y perjudica el cuerpo. No se nace con el objetivo de reproducirse como especie. Todo tiene sentido; usar los sentidos aún dormidos, entender el porqué de diferencias sociales, diversos sufrimientos carnales, y diversos goces. Tampoco es justo que si Dios nunca abandona a sus hijos hace tantas diferencias con ellos como ocurre en este mundo. Físicamente impedidos, enfermos, carente de identidad, liberados a su suerte y otros con todos los placeres. Al nacer somos nosotros los que decidimos experimentar el cumplimiento del deber. Si no encarnamos la vida no tendría sentido. Porque la vida es una escuela donde las asignaturas son distintas situaciones que nos toca vivir.

Reencarnamos por aquellas cosas que no hemos superado y debemos cumplir. Aunque tengamos que encarnar cien veces, transcurridos mil años. Elegimos nuestra misión, el lugar idóneo, familia. "Ley del karma" decidimos tener placeres materiales, pobreza o terribles sufrimientos. Todo tiene un porqué y para qué. Al partir lo material quedará acá, solo se puede llevar lo aprendido.

3. El gran cuco "La muerte". Nuestro cuerpo físico muere día a día. Las células mueren cíclicamente. A los siete años no tenemos ninguna de las que teníamos al nacer, morimos físicamente tras una regeneración constante. Una persona es un cuerpo más la fuerza que lo anima. La fuerza: suma de pensamientos, emociones, deseos y voluntad, no puede desintegrarse porque es inmaterial (espíritu, alma). "La vida no tendría sentido si no existiese la muerte".

AGRADECIMIENTO

*A mi querida hija Daiana por su paciencia y empuje
para que este proyecto se concretará.
A mis queridos discípulos que se permitieron a enseñarme
tras su existencia el valor y el sentido de la vida.
A la vida que me dio oportunidad de conocerla y caminar en ella.*

¡Gracias!